Moritz | Udo Jürgens. 100 Seiten

* Reclam 100 Seiten *

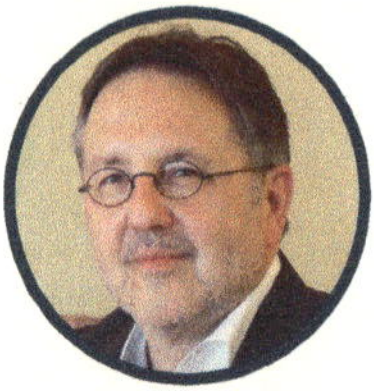

RAINER MORITZ, geb. 1958 in Heilbronn, ist Essayist, Literaturkritiker und Autor zahlreicher Bücher, darunter zuletzt der Roman *Das Schloss der Erinnerungen*. Seit 2005 leitet er das Literaturhaus Hamburg.

Rainer Moritz

Udo Jürgens. 100 Seiten

RECLAM

2. Auflage

2023 Philipp Reclam jun. Verlag GmbH,
Siemensstraße 32, 71254 Ditzingen
Umschlaggestaltung: Philipp Reclam jun. Verlag GmbH
nach einem Konzept von zero-media.net
Infografik (S. 64 f.): annodare GmbH, Agentur für Marketing
Bildnachweis: IMAGO: vor S. 1, 75 (Mandoga Media), 74 (Revierfoto), 100 (STAR-MEDIA), 33, 35 (teutopress), 30 (United Archives International), 69 (ZUMA/Keystone); Wikimedia Commons: S. 14 (Johann Jaritz, CC-BY-SA-3.0-AT), 7 (Frank Stecker, CC-BY-SA-4.0)
Umschlagmaterial: Creative Print, Schabert
Druck und Bindung: Esser printSolutions GmbH,
Untere Sonnenstraße 5, 84030 Ergolding
Printed in Germany 2024
RECLAM ist eine eingetragene Marke
der Philipp Reclam jun. GmbH & Co. KG, Stuttgart
ISBN 978-3-15-020671-3

www.reclam.de

Für mehr Informationen zur 100-Seiten-Reihe:
www.reclam.de/100Seiten

Inhalt

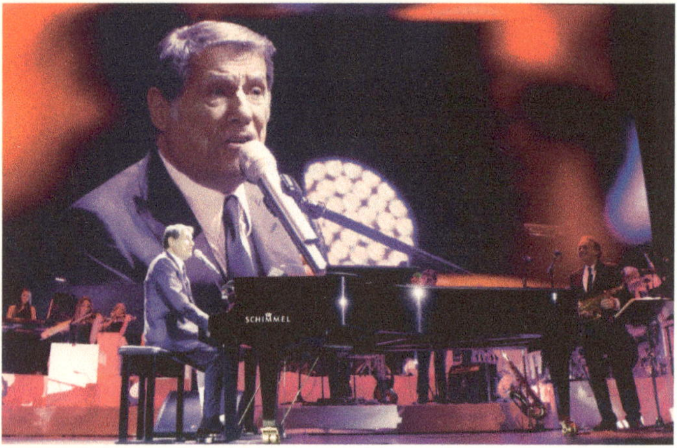

Udo Jürgens bei seinem letzten Konzert in Zürich, zwei Wochen vor seinem Tod

Immer wieder geht die Sonne auf – wie es anfing

Pscholka hieß er. Seinen Vornamen habe ich vergessen. Nennen wir ihn Uwe. Er wohnte wie ich in Heilbronn, in der Burenstraße, fünf Fahrradminuten von der elterlichen Wohnung entfernt. Wir waren keine engen Freunde, Schulkameraden, die herausfanden, dass sie ein damals eher abseitiges Interesse teilten: den deutschen Schlager. Ich selbst hatte mich, was offenbar einer fehlgeschlagenen musikalischen Sozialisation geschuldet war, früh dafür begeistert, was Bernd Clüver, Gitte, Michael Holm oder Marianne Rosenberg sangen, und lernte zu verkraften, dass ich mit dieser Neigung auf verlorenem Posten stand und von Mitschülern nur ein spöttisches Lächeln abbekam.

In dieser existenziellen Einsamkeit war ich sehr froh, dass es Uwe Pscholka gab, der mit der angloamerikanischen Rock- und Popmusik jener Jahre offenkundig auch nicht viel anzufangen wusste. So fanden zwei verlorene Seelen zueinander, und wir trafen uns ein paar Mal in der Pscholka'schen Wohnung. Ausgestattet mit selbst aufgenommenen Kassetten der aktuellen deutschen Hits, spielten wir das Prozedere der Radio- und TV-Schlagerparaden nach und bewerteten das Gehörte nach einem ausgeklügelten Punktesystem. Dass wir nur zu zweit waren und nicht wie beim Grand Prix Eurovision de la Chanson mit einem Dutzend weiterer Juroren wetteiferten, senkte zwar den Spannungsbogen unserer Nachmittage, doch einen echten Schlagerfan kann das nicht verdrießen.

Wem damals im Einzelnen unsere Gunst gehörte, weiß ich im Detail nicht mehr. Kein Zweifel allerdings besteht daran, dass Udo Jürgens zu unseren Favoriten zählte, und noch heute höre ich, als sei es vorgestern gewesen, Udo voll Zuversicht sein *Immer wieder geht die Sonne auf* schmettern.

So also begann alles, mit diesem Song. Für Jürgens' insgesamt drei Grand-Prix-Auftritte – wir kommen darauf zurück – war ich zu jung, was die Hymne auf die Himmelserscheinung des Sonnenaufgangs zu meinem Udo-Urlied machte. Uwe Pscholka und ich waren uns in dessen Bewertung sehr einig und vergaben die Höchstpunktzahl, wodurch das Ergebnis unserer nachgespielten Hitparade früh feststand.

Was aus Uwe Pscholka geworden und ob er Udo Jürgens treu geblieben ist, weiß ich nicht. Das Internet zeigt sich in dieser Hinsicht zugeknöpft.

Seit den Hitparadensessions mit Uwe Pscholka hat mich Udo Jürgens begleitet; mal stand er direkt neben mir, mal sah ich ihm nur aus der Ferne zu. Doch selbst wenn ich ihn und seine Lieder eine Zeitlang aus den Augen verlor, blieb er mir immer im Sinn. Bis zu jenem 21. Dezember 2014, als er völlig überraschend nach einem Spaziergang im schweizerischen Münsterlingen starb. Die Nachricht verbreitete sich wie ein Lauffeuer. Ich hatte am späten Nachmittag mit Freunden ein vorweihnachtliches Theaterstück besucht, und als ich danach im Restaurant mein Handy wieder einschaltete, ploppten mehrere Kurzmitteilungen auf. Zeitungs- und Rundfunkredakteure hatten mich angerufen und um ein Statement zu Udo Jürgens' Tod gebeten.

Immer wieder geht die Sonne auf (1967)
(Musik: Udo Jürgens; Text: Thomas Hörbiger)

Wenn es um beglückende Liebeserfahrungen geht, herrschen meist erfreuliche Wetterverhältnisse. Und wenn Kummer und Leid drohen, fahren Gewitter- und Sturmfronten auf. Solche symbolischen Verbindungen sind in der Literatur gang und gäbe – und im mit Stereotypen arbeitenden Schlager nicht minder. Dessen Texter lassen Liebende bei freundlichen meteorologischen Bedingungen agieren – ganz so, wie es bei Renate Kern heißt: »Lass doch den Sonnenschein / in dein Herz hinein. / Mach dein Fenster auf und deine Tür. / Mit dem Sonnenschein kommt das Glück herein, / und die Liebe findet endlich auch zu dir.« Um unangenehmem Wetter zu trotzen, muss wie in Michael Holms *Barfuß im Regen* die Liebe extrem groß sein.

Udo Jürgens' *Immer wieder geht die Sonne auf*, das es auf Platz 15 der Charts schaffte, arbeitet mit klassischen Hell-Dunkel- bzw. Glücklich-Einsam-Gegensätzen und erzählt, so der erste Eindruck, von einer verlorenen Liebe, die von »Dunkelheit« und »Herbstwind« begleitet ist. Da sich Schlager freilich, um ihr Publikum nicht zu verschrecken, schwertun, konsequent von unerfreulichen (Liebes-)Umständen zu handeln, bahnt sich bald eine Wende an. Die banale Sentenz, dass die Zeit alle Wunden heile, spiegelt sich in der kaum weniger banalen Beobachtung wider, dass die Sonne allmorgendlich wiederkehrt und neues Licht verbreitet. Das ist tröstlich und verschafft Linderung in unterschiedlichsten Lebensphasen – mit dem Ergebnis, dass die Refrainzeile fast sprichwörtlichen Charakter angenommen hat. So wird kolportiert, dass Horst Ehmke auf dem SPD-Parteitag 1970 in Saarbrücken ein »Mit Willy, Willy geht die Sonne auf« angestimmt habe, womit er den amtierenden Bundeskanzler Willy Brandt meinte.

Das Sonnenlicht heilt in Jürgens' Lied alte Verletzungen und lässt zugleich darauf hoffen, dass sich alsbald eine neue Liebe finde. Nein, es ist keine neue, es ist die verflossene Liebe, die zurückkehrt: »... dann denk daran, / ich glaub an morgen, denn irgendwann / stehst du vor mir«. Das alles wäre nicht weiter bemerkenswert, wenn das Lied nicht mit melodischen Keckheiten aufwarten würde. Zum einen arbeitet es mit retardierenden Elementen, wenn auf »denn Dunkelheit für immer gibt es nicht« ein zweifaches, immer schleppender werdendes »die gibt es nicht« folgt. Zum anderen steigert sich die Verzögerungstaktik dadurch, dass das »die« zu einem »diiie« in die Länge gezogen wird – ein Verfahren, das der Song ebenso bei »Zeeeiit« und »miiir« anwendet.

Diese Wortdehnungen führen dazu, dass der kraftvoll intonierte Refrain »Denn immer, immer wieder geht die Sonne auf« umso mehr Fahrt aufnimmt und seine befreiende Wirkung entfaltet. Da ist der frühe Udo Jürgens ganz bei sich. Spätere Reprisen des Sonnenmotivs überzeugen weniger. Das Fernsehlotterielied *Zeig mir den Platz an der Sonne* (1971) und das Urlaubswohlfühllied *Die Sonne und du* (1983) sind eher schlichterer Natur. Zeilen wie »Die Sonne, die Sonne und du, / uh-uh-uh-uh, / gehör'n dazu« geben wettermäßig wenig her.

Die Nachricht erschütterte nicht nur mich auf merkwürdige Weise. Udo Jürgens tot? Das war unvorstellbar und gab einem das schmerzhafte Gefühl, dass hier nicht *irgendeine* Größe aus Politik, Sport oder Kultur gestorben war. Sofort dachte ich an ein Ereignis, das über zwanzig Jahre zurücklag, an einen Novembertag des Jahres 1991. Ich arbeitete damals in einem Berliner Wissenschaftsverlag und wurde beim Lektorieren durch laute Schmerzensschreie und Wehklagen aus den unteren Stockwerken aufgeschreckt. »Freddie ist tot! Mein Freddie ist tot«, gellte es durchs Treppenhaus, und binnen kurzer Zeit war klar, was zu diesem Ausbruch einer Kollegin geführt hatte: Freddie Mercury war im Alter von fünfundvierzig Jahren einer Aids-Erkrankung erlegen, und wer sich nur einen Hauch für die Rockmusik der 1970er- und 1980er-Jahre interessierte, wusste, welcher Künstler da abgetreten war. Mit Udo Jürgens verhielt es sich nicht anders.

Obwohl er nicht als mittelalter Mann starb, wirkte er unverwüstlich, stellte sein Tod eine Art Beleidigung dar. Die Falten, die sein Gesicht zu einer markanten Karstlandschaft formten, standen nicht für Gebrechlichkeit. Sie sprachen für die reichhaltige Erfahrung eines intensiv gelebten Lebens und deuteten trotz aller Melancholie, die dieses Gesicht manchmal durchsichtig machte, darauf hin, dass hier bis zuletzt ein nimmermüder, neugieriger Geist regiert hatte.

Zudem zählte Udo Jürgens nicht zu den Künstlern, die sich irgendwann klugerweise aufs Altenteil zurückzogen oder Gefahr liefen, den Ruf ihrer besten Jahre durch bemitleidenswerte Altersauftritte zu beschädigen. Nein, Udo Jürgens nahm lässig alle Jahresschwellen und erschreckte seine Anhänger nie mit der Ankündigung von Abschiedskonzerten. Er sang einfach weiter, und dass die Nachricht von seinem Tod ein Irrtum sein musste, schien dadurch bekräftigt, dass er gerade einmal zwei Wochen zuvor in Zürich ein Konzert gegeben hatte – im Rahmen seiner mit »Mitten im Leben« betitelten Tournee. Es konnte und durfte nicht sein, dass sich dieser, so der Schriftsteller Andreas Maier, »ewig junge Götterliebling« bei einem Spaziergang still und heimlich davonmachte.

Wer sich heute Jürgens' Zürcher Konzert vom 7. Dezember 2014 ansieht, sucht unwillkürlich nach Spuren des Verfalls und der Erschöpfung, nach Signalen, die auf einen baldigen Tod hindeuten. Finden wird man solche nicht. Da beherrscht ein Künstler seine Bühne, im blauen Anzug mit rotem Einstecktuch, den er – wie es zu seinem Auftrittsritual gehörte – am Ende in einen weißen Bademantel hüllt. Er singt, selbstverständlich, seine Erfolgssongs, nach denen das Publikum dürstet, doch eine nicht minder wichtige Rolle spielen Lieder wie *Der gläserne Mensch* oder *Der gekaufte Drachen*, die nicht zurückblicken, sondern einen für Jürgens so typischen kritischen, warnenden Appellton anschlagen.

Natürlich fehlte in diesem Programm nicht das – von Oliver Spiecker getextete – *Mein Ziel*, das gerade demonstrativ nach vorne schaut. »Es gibt auch kein Leben aus altem Applaus. / Wie willst du dein Gestern verbuchen? / Es zählt nur das Heute und jeden Tag neu, / musst du es wieder versuchen«, heißt es da plakativ, und wenn Udo Jürgens, am Schimmel-Flügel sitzend, von seinem »Ziel« singt, »immer ein Ziel zu haben« und »immer neu zu beginnen«, dann hat das wenig von der trotzigen Uneinsichtigkeit eines alten Mannes, der seine Endlichkeit nicht akzeptieren will.

Umso erschreckender dann sein Tod – oder umso folgerichtiger? Denn so gab es in diesem Leben kein auffälliges Schwinden der Kräfte, kein Dahinsiechen gar, das die ihn ständig begleitende Boulevardpresse voyeuristisch begleiten konnte. Nein, wir dürfen davon ausgehen, dass er auf seinem letzten Spaziergang neue Pläne schmiedete. Zu leben, als gäbe es keinen Tod, mag oft ein Zeichen von Verdrängung und Verblendung sein. Udo Jürgens wirkte frei davon, er brauchte diese Haltung, um weiterleben zu können. Sein Nachruhm zehrt nicht zuletzt davon.

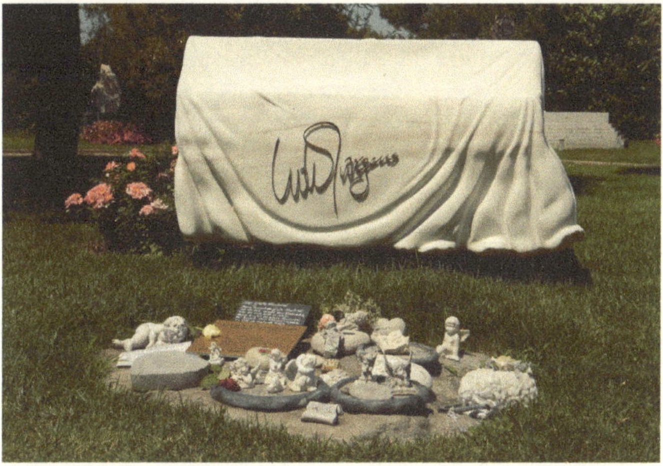

Jürgens' Grab auf dem Wiener Zentralfriedhof

Was immer in den Jahren nach seinem Tod an (Erb-)Streitigkeiten, an Zwisten zwischen seinen Kindern und seinem Manager Freddy Burger an die Öffentlichkeit drang, ist belanglos. Udo Jürgens' Nimbus tangierte und tangiert das nicht.

Begraben ist er – seinem Wunsch gemäß – auf dem Wiener Zentralfriedhof (Gruppe 33 G, Nr. 46). Ein sechs Tonnen schwerer Flügel aus Laaser Marmor, auf einem Rasenstück platziert, bildet das Grabmal. In seiner Oberseite ist die Urne des Künstlers (mit Diebstahlsicherung!) eingelassen, da er es strikt ablehnte, unter die Erde zu kommen. Ein weißes Tuch aus Stein hüllt den Flügel ein, und darauf prangt die Signatur des Toten. Dieses Ehrengrab wurde, wie nicht anders zu erwarten, umgehend zu einer touristischen Attraktion. Der Entwurf dazu stammt von Jürgens' Bruder Manfred Bockelmann; ausgeführt hat ihn der Bildhauer Hans Muhr.

Schönreden lässt sich diese pompöse Monstrosität nicht. Mit dem Auftreten des Sängers zu Lebzeiten hat es wenig gemein; unpassendere Prominentengräber als diesen Kitschflügel gibt es wenige. Allenfalls die letzte Ruhestätte seiner französischen Kollegin Dalida, die als lebensgroße Goldliesel auf dem Pariser Montmartre-Friedhof steht, kann sich damit messen. Um das Elend zu verschlimmern: Die Grabtafel zitieren Verse aus dem Lied *Ich lass' euch alles da* (1999); trotz zweimaliger Korrektur ist die Gravur fehlerhaft geblieben. Richtig hieße sie: »Ihr seid das Notenblatt, / das alles für mich war. / Ich lass' euch alles – / ich lass' euch alles da.«

Dass sich ausgerechnet Manfred Bockelmann, der Maler, diese Protzgedenkstätte ausgedacht hat, ist bitter. Verzeihen kann man ihm das lediglich, wenn man sich eines der schönsten Lieder seines Bruders anhört:

Mein Bruder ist ein Maler (1977)
(Musik: Udo Jürgens; Text: Wolfgang Hofer)

Warum nicht Gotthold Ephraim Lessing bemühen? Warum nicht auf seine Schrift *Laokoon oder über die Grenzen der Malerei und Poesie* aus dem Jahre 1766 zurückkommen? Ob sie als Inspirationsquelle für Udo Jürgens' Bruder-Lied diente, wollen wir offenlassen. Immerhin handeln beide Texte von einem ästhetischen Schlüsselthema, von der Vergleichbarkeit der Künste und ihren unterschiedlichen Wirkungen. Während Lessing, um zu untermauern, dass bildende Kunst und Literatur nicht unmittelbar vergleichbar seien, auf ein Kunstwerk der Antike, die *Laokoon-Gruppe* in den Vatikanischen Museen, zurückgreift, bedient sich Udo Jürgens in der eigenen Familie.

Sein neun Jahre jüngerer Bruder Manfred Bockelmann brachte es als Fotograf und Maler zwar nicht zu vergleichbarem Ruhm, doch laden seine Arbeiten zu einer Art Familienkonkurrenzkampf ein. Wer erzielt mit seiner Kunst den größeren Effekt, wer schafft es besser, sich dauerhaft in die Herzen der Menschen einzugraben – der Sänger oder der Maler? Am Anfang scheint die Sache entschieden: »Denn mein Bruder ist ein Maler / und ein Bild von seiner Hand / kann mehr sagen als tausend Melodien. / Ja, mein Bruder ist ein Maler, / ich bin nur ein Musikant, / und in manchen Träumen, da beneid' ich ihn.« Während ein Lied seine Zuhörer kurz »in den Arm« nehme und »selten lang bestehen« bleibe, kenne ein Bild »keine Zeit«.

Allzu sehr freilich will Udo Jürgens seine Bescheidenheit nicht kultivieren, und so schlägt das Lied in der letzten Strophe eine schöne Volte und lässt den brüderlichen Wettstreit eine neue Richtung nehmen. Die Frau des Malers weiß zu berichten, dass auch dieser manchmal von Zweifeln, von leisem Neid angefressen sei und ins Sinnieren komme: »Ja, mein Bruder ist ein Sänger, / und ein Lied aus seinem Mund, / das sagt mehr, als manches Bild je sagen kann. / Ja, mein Bruder ist ein Sänger, / und sein Leben ist so bunt. / Manchmal fing' auch ich so gern zu singen an.« Die Schlusszeile »Ja, manchmal fing' auch ich so gern zu malen an« besiegelt das brüderliche Unentschieden. Das hätte vielleicht sogar Lessing imponiert.

Mein Bruder ist ein Maler gehört zu jenen melodiös unaufgeregten Liedern Udo Jürgens', die auf den CDs *Lieder, die im Schatten stehen* neu aufgelegt wurden. Sie wurden alle keine großen Hits, haben sich aber umso stärker im akustischen Langzeitgedächtnis festgesetzt, dank ihrer nachdenklichen Reflektiertheit. Was wohl an ihrem ›wahren‹ autobiografischen Kern liegt.

Dezenter als das Wiener Grab ist die Gedenktafel ausgefallen, die 2015 in der Stadthausanlage am Zürcher Bürkliplatz in den Boden eingelassen wurde – einundzwanzig Jahre zuvor hatte die Stadt Zürich Udo Jürgens dort sechs Götterbäume vermacht. »ZU EHREN VON UDO JÜRGENS (1934–2014) GEPFLANZT. EIN GROSSER KÜNSTLER UND FREUND UNSERER STADT«, ist auf der Tafel zu lesen. Unter einem der Bäume war 1995 eine Schatulle mit einundzwanzig Udo-Jürgens-CDs vergraben worden. Wie diese wohl den Zeitenlauf überstanden haben?

Jürgen Udo Bockelmann alias Udo Jürgens: Steckbrief

- Größe: 1,87 m
- Augenfarbe: braun
- geboren am 30. September 1934 in Klagenfurt, Österreich
- Mutter: Käthe Arp (1908–1988)
- Vater: Rudolf Bockelmann (1904–1984)
- zwei Brüder: John (1931–2006) und Manfred (* 1943)
- Kindheit auf Schloss Ottmanach in Kärnten
- Musikstudium am Kärntner Landeskonservatorium in Klagenfurt und am Mozarteum in Salzburg
- Ehe mit dem ehemaligen Fotomodell Erika Meier (1964–1989): zwei Kinder – John (* 1964) und Jenny (* 1967)
- zwei weitere Töchter: Sonja (* 1966) und Gloria (* 1994)
- 1977 Umzug in die Schweiz
- Ehe mit Corinna Reinhold (1999–2006)
- seit 2007 Schweizer Staatsbürgerschaft
- gestorben am 21. Dezember 2014 in Münsterlingen, Schweiz

Chrysanthemen, Gin und Knarren – der holprige Karriereweg

Über Udo Jürgens' Leben und seine Karriere ist viel geschrieben worden. Er selbst hat dazu beigetragen, in zahlreichen Interviews und mit zwei Autobiografien, die er 1984 bzw. 1994 jeweils zu runden Geburtstagen vorlegte: *Smoking und Blue Jeans* und *... unterm Smoking Gänsehaut*. Mein Buch vertieft sich nicht in die Einzelheiten seines außergewöhnlichen Lebens. Stattdessen geht es mir darum, Eck- und Wendepunkte zu benennen, das aus – so heißt es – über tausend Kompositionen bestehende Werk in einer Reihe von pointierten Interpretationen, sowohl einiger großer Hits als auch gern übersehener Lieder, zu präsentieren und herauszuarbeiten, was das Phänomen Udo Jürgens ausmacht(e). So ist dieser kleine Band nichts für die eingeschworene, oftmals in kritikloser Bewunderung verharrende Hardcore-Gemeinde des Sängers, aber hoffentlich eine kurzweilige Anregung, sich aufs Neue mit seinem Werk zu befassen.

Jürgens fand, selbst wenn es vorrangig darum ging, sich im Gespräch zu halten und den Markt mit Selbstdarstellungen und Interviews zu bedienen, offenbar Gefallen daran, sich in seine Biografie und seine Familiengeschichte zu vertiefen.

Manche Episoden erzählte er mehrfach, mit kleineren Abweichungen. 2004, also zehn Jahre nach Erscheinen der zweiten Autobiografie, wartete er mit einer verblüffenden Publikation auf, die sein Leben mit historischem Tiefgang versehen sollte: *Der Mann mit dem Fagott*. Geschrieben hatte er diesen umfangreichen (und später verfilmten) Roman zusammen mit Michaela Moritz, die bis zuletzt an seiner Seite war.

Schon zwanzig Jahre vor diesem späten Debüt als Romancier sann Udo Jürgens, der am 30. September 1934 als Jürgen Udo Bockelmann geboren wurde, über seine Ahnen nach: »Die Bockelmanns sind mir immer ein wenig wie die Buddenbrooks vorgekommen – eine alte Kaufmannsfamilie mit Tradition.« In dem Roman wird auf Thomas Manns Spuren die Familiengalerie besichtigt; erzählt wird vor allem die Vita des Großvaters Heinrich, der Ende des 19. Jahrhunderts nach Russland auswanderte und es dort zum angesehenen Privatbankier brachte. Der Erste Weltkrieg und die Russische Revolution beendeten diese Episode jäh und zwangen die Familie zu einer abenteuerlichen Rückkehr nach Kärnten, auf Schloss Ottmanach. Die Bockelmann-Sippe (zu der auch der frühere Frankfurter Oberbürgermeister Werner Bockelmann gehört) ist weit verzweigt, und nicht minder verzweigt ist der Roman, den Udo Jürgens daraus gemacht hat. *Der Mann mit dem Fagott* ist ein geschickt arrangiertes, bisweilen zur Rührseligkeit neigendes Stück, das jedes Ereignis mit Bedeutsamkeit auflädt und aus Udo Jürgens' Weg eine folgerichtige Entfaltung familiärer Dispositionen macht.

Ein Fagottspieler, dem Großvater Bockelmann 1891 in Bremen begegnete, irrlichtert durch den Roman und vermittelt »schwere Leichtigkeit der Freiheit«, die – in einem musikalisch versierten Ohr – »wie der rastlos-traurige Klang eines einsa-

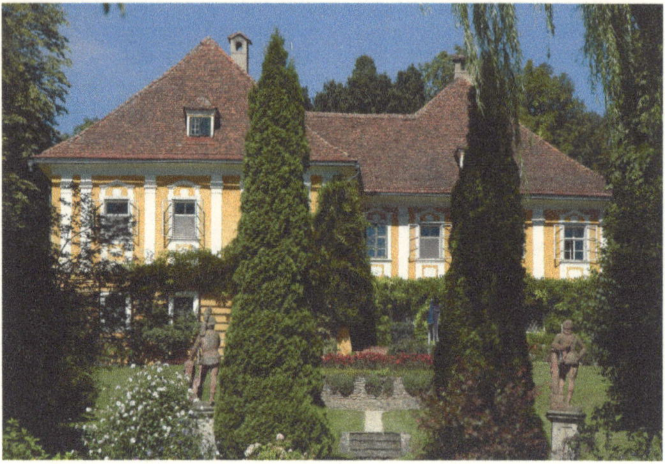

Schloss Ottmanach

men Fagotts« tönt. Seite um Seite trägt das Schreibduo Jürgens & Moritz dick auf und reiht in den schwächeren Romanpassagen Sentimentalitäten an Binsenweisheiten und Binsenweisheiten an Sentimentalitäten. Die »Paarung von poetischer Nichtigkeit des Textes und Pathos der Interpretation« und die »schreckliche Synthese aus Allgemeinplatz der Aussage und dem Aufwand ihrer Verkündigung«, die der Journalist Reginald Rudorf bereits Anfang der Siebzigerjahre als Charakteristikum von Jürgens' Liedern überscharf monierte, lassen sich in dem Roman wiederfinden. Das eigene Leben soll durch einen weit zurückreichenden Familienbackground nobilitiert werden.

Der Mann mit dem Fagott wurde dennoch zu einem veritablen Bestseller – und ist trotz allem lesenswert, verrät er doch, sobald er sich nicht zu tief in den Brunnen der Vergangenheit beugt, viel über Jürgens' Umgang mit sich selbst. Seine Popularität beruhte stets darauf, dass ihn seine Anhänger als Menschen mit Fehlern und Schwächen wahrnahmen. Er selbst hat das, im Gespräch mit Wolfgang Korruhn, als Geheimnis seines Erfolges und seiner Unantastbarkeit ausgemacht: »Ich habe meine Schwächen zu Kreativität umgeformt. Bewundert werden wir doch immer nur für das, was wir leisten. Aber geliebt werden wir einzig und allein für unsere Schwächen.«

Wohldosiert greift der Roman das auf und zeigt einen Künstler, der Ansätze von dezenter, nicht übertriebener Selbstkritik an den Tag legt. Sein früh eingestandener Hang zu promisker Lebensführung und ›flüchtigen Begegnungen‹ mit oft recht jungen Damen nötigen ihn beispielsweise dazu, über das Wesen der Liebe nachzudenken – ohne zufriedenstellendes Ergebnis: »Bin ich überhaupt fähig zu lieben?«

Dass in Jürgens' Vita etliche Frauen auf der Strecke blieben und er ein Bis-dass-der-Tod-uns-scheidet nicht durchzuhalten vermochte, hat offenkundig damit zu tun, dass er zeitlebens nicht willens war, Beziehungen seiner ›großen‹ Liebe, der Musik, unterzuordnen. Früh erhielt er Klavierunterricht, nahm Kurse am Klagenfurter Konservatorium, und als Sechzehnjähriger gewann er bei einem ORF-Kompositionswettbewerb den Hauptpreis. Ein Jahr später verließ er das Realgymnasium, nannte sich Udo Bolan und gründete mit zwei Freunden eine gleichnamige Combo. Man trat, meist mit Swing- und Jazz-Variationen, im Klagenfurter Gasthof Valzachi und im Café Lerch auf, dessen Besitzer eine unrühmliche NS-Vergangenheit hatte. Dort bestritt die »Kapelle Bolan« die musikalische Begleitung sowohl eines Silvester- als auch eines Hausballs. Die Gage wurde vertraglich genau festgehalten; sie betrug »für Sylvester S 40,– pro Mann und Stunde und zum Hausball S 20.–. Überstunden werden zum gleichen Tarif vergütet, Nachtjause und Getränk werden frei verabreicht.«

Mit solchen Gagen, die bei weniger festlichen Anlässen deutlich niedriger ausfielen, ließ sich keine Karriere machen. Daran änderte sich nichts, als er 1954 – im selben Jahr, als er im Café Lerch an Silvester aufspielte – einen Plattenvertrag erhielt und fortan als »Udo Jürgens« firmierte. *Es waren weiße Chrysanthemen* hieß die erste, höchst unerfolgreiche Aufnahme, und was auf diesen kapitalen Fehlstart folgte, war ebenso wenig der Rede wert.

Obwohl Branchengrößen wie Lotar Olias, Charlie Niessen, Hans Bradtke, Heinz Gietz oder Kurt Feltz für Jürgens komponierten und texteten, fehlte den frühen Liedern fast ausnahmslos eine eigene Note. Jürgens sang mit einer bewusst eingesetzten tiefen Stimme, die kaum etwas mit dem Tonfall späterer Jahre gemein hat, und versuchte, von seinen Produzenten genötigt, alles nachzuahmen, was damals auf dem Schlagermarkt populär war. So klangen diese Schlager mal nach Gerhard Wendland, mal nach Fred Bertelmann, Peter Kraus oder Freddy Quinn, mal nach Caterina Valente oder Vico Torriani.

Kein Zug in diesem Sammelsurium, auf den Udo Jürgens nicht aufspringen sollte. Seemannslieder wie *Hejo, hejo – Gin und Rum* fehlen da nicht, ein *Immer wieder denk' ich an Hawaii zurück* auch nicht, und da in den späteren 1950er-Jahren plötzlich Cowboys und Indianer den Schlager bevölkerten, hatte er auf der deutschen Country-Welle mitzuschwimmen. Kuriosestes Produkt dieser Verirrung ist die deutsche Version von Johnny Cashs *Don't take your Guns to Town*. Während das Original vom jungen Billie erzählt, der nicht auf die Warnungen seiner Mutter hört, bewaffnet in die Stadt reitet und prompt niedergeschossen wird, ist die deutsche, von Kurt

Feltz getextete Fassung in ihrer Aneinanderreihung von Unsinn schwer verständlich. *Leg die Knarre weg*, so ihr Titel, war nicht geeignet, Udo Jürgens zu einem Klagenfurter Johnny Cash zu machen.

So tapfer sich Jürgens mühte, zu einem Schlagerstar zu werden, so wenig Erfolg war ihm beschieden. Eine Wende schien sich erst 1960 anzubahnen, als er beim Songfestival im belgischen Knokke als Teil des deutschen Teams siegte – mit der höchsten Einzelwertung. Das Lied, *Jenny*, hatte er selbst komponiert und getextet, und auch wenn die Stimme immer noch tiefergelegt war, bildete dieser Auftritt rückblickend eine Initialentzündung für das, was in den nächsten Jahren von ihm zu hören war.

Jenny (1960)
(Musik: Udo Jürgens; Text: Udo Jürgens)

Mit sehr kurzen Haaren und halb geschlossenen Augen trat Jürgens vor das Publikum in Knokke, das Elend eines Mannes verkörpernd, der fehl gehandelt hat und nun seiner Gefährtin nachtrauert. Das alles wurde, so Jens Hagestedt, mit »pastoralem Pathos« vorgetragen und zeigte erstmals klar auf, welche Gefühle dieser Interpret auszulösen vermochte.

Jenny gehört zu den wenigen Liedern, für die Jürgens auch den Text beisteuerte. Wovon dieser erzählt, ist nicht einfach zu resümieren. Ein Mann, einst mit einer gewissen Jenny zusammen, erinnert sich aus einer unbestimmten Ferne an diese, gequält von dem Gedanken, dass »ein and'rer« ihr das »Glück« gebracht haben könnte. Was den Mann forttrieb und was zwischen den Geliebten vorgefallen sein könnte, bleibt im Verschwommenen. Das klagende »Hast du mir verzieh'n?« deutet auf Treu- oder

Achtlosigkeiten hin. Unberührt davon bleibt die Hoffnung des Singenden auf ein Liebescomeback, und sollte diese nicht unbegründet sein, will er schnurstracks nach Hause zurückkehren.

Die auf einfache und nachhaltige Weise ins Ohr gehende Melodie zu *Jenny* schrieb Jürgens – so erinnert er sich in *Der Mann mit dem Fagott* – im Sommer 1959 in Wien. Der Erfolg in Knokke machte das Lied in Belgien rasch populär und brachte seine Plattenfirma Polydor dazu, es Ende 1960 als Single herauszubringen – in »armseliger Besetzung« aufgenommen in Studiotoiletten, die für den besten Hall sorgten und Geige und Orgel fast wie ein ganzes Orchester klingen ließen. Dessen ungeachtet kam die »Toilettenaufnahme« in Belgien unter die Top 10 und ein paar Monate später in Deutschland zumindest auf Platz 36.

Jürgens selbst nahm im Lauf der Zeit das Lied mehrfach im Studio neu auf, und auch an Coverversionen mangelte es nicht. Der Trompeter Roy Etzel hatte bereits vor Jürgens' Plattenaufnahme eine Instrumentalversion auf den Markt gebracht, eingespielt mit den »singenden Tanzgeigen« unter Leitung von Carlos Diernhammer. Jan van der Most nahm eine holländische Version auf, und in Frankreich wurde *Jenny* unter anderem von Christian Cardin, Les Barclay oder Jacqueline Boyer interpretiert. Eine englische Fassung (Text: Albert Beach) sang Jürgens selbst: *Jenny, oh Jenny*.

Der deutsche Text dieser kleinen Liebesgeschichte holpert hier und da. In den entscheidenden Versen – »Jenny, oh Jenny, / hast du mir verzieh'n? / Dann komm ich heimwärts, / heim will ich zieh'n« – muss man dem kümmerlichen Reim »verzieh'n/ zieh'n« Nachsicht entgegenbringen, und auch das Verb »heimwärtskommen« ist nicht wirklich tolerabel. Dennoch ist es eine Schlüsselvokabel des Textes, die unverkennbar auf die Tradition verweist, in der Jürgens zu diesem Zeitpunkt steht und aus der er sich zu lösen versucht. Freddy Quinn vor allem hatte in den 1950er-Jahren maßgeblichen Anteil an der Omnipräsenz maritimer Schlager. Lieder wie *Heimweh* oder *Heimatlos* wurden zu Kassenschlagern und besangen eine Grundkonstellation des Liedguts jener Jahre: den sich fern der heimatlichen Gefilde bewegenden Seemann, der sich nach der Heimat und der dort geduldigen wartenden Geliebten sehnt.

Obwohl Udo Jürgens bei den frühen *Jenny*-Aufnahmen das »R« fast so schön wie Freddy rollt, meidet der Text offenkundige maritime Anklänge – als wollte er sich aus diesem Korsett befreien. »Heimwärts« zieht es Jennys (Ex-)Geliebten, doch wo genau er weilt, während er sein Sehnsuchtslied anstimmt, wird nicht verraten. Die englische Fassung ist da aparterweise eindeutiger: »Jenny, oh Jenny, / come down to the sea, / stand in the starlight, / and I'll set you free«. Jennys »true love« ist »lost to the sea«, und am Ende erfahren wir endlich, wo sich der der Liebe verlustig Gegangene aufhält: »Jenny, oh Jenny, / I cry from the sea«.

Und um es noch deutlicher zu machen: Ebenfalls 1960 legte die *Lili Marleen*-Sängerin Lale Andersen, die mit *Blaue Nacht am Hafen* oder *Ein Schiff wird kommen* zu einer Ikone des Meeresschlagers geworden war, eine *Jenny*-Adaption vor, für die Udo Jürgens den Text schrieb. Aus dem Mädchen Jenny wurde durch eine einfache Vokalveränderung der Junge Jonny (so auch der Titel dieser Version), und natürlich ist das bei Lale Andersen einer, dessen Haar »nach Salz« und dessen Hemd »nach Teer« riecht und der sich am liebsten »in der Hafenbar« aufhält. Für Lale Andersen griff Jürgens also auf die klassischen maritimen Stereotypen zurück; bei sich selbst, in *Jenny*, verzichtete er klugerweise darauf und schuf so vielleicht eines seiner anmutigsten Lieder.

Endlich, so dachte man, kam diese holprig gestartete Karriere auf Touren, zumal Jürgens sich als Komponist Meriten verdiente. 1960 schrieb er ein Lied, das in der deutschen Version von Frank Forster (*Woher ich auch komm'*) kein Aufsehen erregte. Erst als Shirley Bassey es ein Jahr später als *Reach for the Stars* aufnahm, kam der Erfolg, ablesbar an einer Nummer-1-Platzierung in Großbritannien.

Dass internationale Weltstars auf Udo Jürgens' Kompositionen zurückgriffen, war keine Seltenheit. Sammy Davis jr., Françoise Hardy, Sacha Distel, Brenda Lee, Matt Monro, Marty Robbins, Bing Crosby oder Al Martino sangen im Lauf der Jahre seine Lieder; in Deutschland ließen es sich Opernsänger wie Anneliese Rothenberger oder René Kollo (der selbst ja als Schlagersänger sich ein Zubrot verdient hatte) nicht nehmen, Jürgens-Lieder zu interpretieren. Dennoch deutete trotz *Jenny* Anfang der 1960er-Jahre alles darauf hin, dass Udo Jürgens als Komponist, aber nicht als Interpret Erfolg haben würde. 1963 beschloss seine Plattenfirma Polydor, den Vertrag mit ihm nicht zu verlängern. Auf den Kärntner setzte man nicht mehr. Erst ein Managerwechsel und Auftritte beim Grand Prix Eurovision de la Chanson änderten das binnen kurzer Zeit.

Merci Chérie – der Grand-Prix-Triumph

Parallel zu seinen Plattenaufnahmen und Festivalauftritten nutzte Udo Jürgens Anfang der 1960er-Jahre die Gunst der Stunde und debütierte als Filmschauspieler. Das bot sich an, da in jener Zeit ein Genre vielfach bedient wurde, das heute zum Glück ausgestorben ist: der Schlagerfilm. Die Handlung der belanglosen Streifen bestand vor allem darin, von einer Gesangsdarbietung zur nächsten überzuleiten – ein Prinzip, das sich ein Jahrzehnt später auf anderem Terrain in den berüchtigten *Schulmädchen-Reports* wiederholte.

Die Filme, in denen Jürgens mitspielte, hießen *... und du mein Schatz bleibst hier*, *Unsere tollen Tanten* oder *Drei Liebesbriefe aus Tirol*. An seiner Seite traten Größen des Unterhaltungsfilms wie Hans Moser, Paul Hörbiger, Fritz Muliar, Susi Nicoletti und Ernst Waldbrunn und Kollegen wie Gus Backus und Trude Herr auf. Jürgens agierte in diesem – wie die Branchenpresse schrieb – »bildgewordenen Schwachsinn« nicht schlechter als seine Mitstreiter, doch Hoffnung auf eine Filmkarriere ließ sich aus diesen zwanghaft heiteren Schmonzetten kaum ableiten.

Dass Udo Jürgens nach dem Aus bei Polydor als Sänger nicht endgültig von der Bühne verschwand, verdankt sich vor

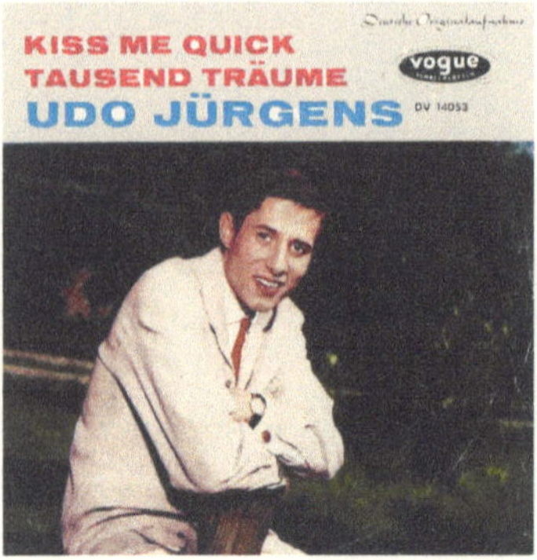

allem der 1963 einsetzenden Zusammenarbeit mit dem Manager Hans R. Beierlein, der das Potenzial seines immerhin schon dreißigjährigen Zöglings erkannte und diesen dazu überredete, einen neuen Anlauf zu wagen. Wie von Beierlein vermutet, verkaufte sich die erste gemeinsame Aufnahme – *Tausend Träume* – höchst respektabel und reanimierte gewissermaßen den Interpreten Udo Jürgens.

Im Zusammenspiel mit Beierlein, das 1977 ein schroffes Ende fand, entstand ein Großteil der Evergreens, die bis heute mit dem Namen Udo Jürgens verbunden sind. Der Manager erkannte mit sicherem Gespür, was diese Marke ausmachte und wann es Zeit für einen Imagewechsel wurde. Dass sich Jürgens später darüber beklagte, von Beierlein gegängelt und zu ihm nicht entsprechenden Aufnahmen genötigt worden zu sein, ist die andere Seite der Medaille.

1965 landete Jürgens sein bis dahin bestes Chartsranking (Platz 4), mit einem Lied, das als sehr autobiografisch verstanden wurde und sein Image dauerhaft prägte: *Siebzehn Jahr, blondes Jahr*. Die heute fest im Schlagerbewusstsein verankerten Verse schrieb Thomas Hörbiger, Sohn des Schauspielerpaars Paul Hörbiger und Josefa Gettke, der parallel zu seinen Aktivitäten als Textdichter zwischen 1955 und 1972 in zahlreichen, meist seicht-leichten Filmen zu sehen war (diese Karriere endete mit Franz Antels Sexfilm *Blutjung und liebeshungrig*,

Siebzehn Jahr, blondes Haar **(1965)**
(Musik: Udo Jürgens; Text: Thomas Hörbiger)

Siebzehn Jahr, blondes Haar hat eine Spieldauer von nicht einmal zweieinhalb Minuten und ein ausgesprochen überschaubares Vokabular. Zieht man die großzügig verteilten Interjektionen wie »oah« und »la, la, la« ab, bleibt für die Kernhandlung des Liedes wenig Raum. Hörbiger greift das auch von Peggy March (*Mit siebzehn hat man noch Träume*), Ivo Robić (*Mit siebzehn fängt das Leben erst an*) und Chris Roberts (*Du kannst nicht immer siebzehn sein*) besungene magische Mädchenalter 17 und in den tragischen Momenten ein Motiv auf, das sich bei Camillo Felgen (*Deinen Namen, den hab ich vergessen*) und, später, bei Michael Holm (*Mendocino*) findet: die überfallartige Liebe, aus der nichts wird, weil das Subjekt der Begierde jäh entschwindet oder weil man vergisst, sich Name und Adresse zu notieren: »Sie hat mich angelacht und war vorüber«. Schuld hat das »Großstadtgetriebe«, und bis zuletzt (»Wie find' ich zu ihr?«) bleibt unklar, ob das unruhige männliche Suchen nicht doch von Erfolg gekrönt sein wird. Dummerweise endet das Lied dann.

Udo Jürgens wurde – und dazu hat dieser Schlager erheblich beigetragen – regelmäßig mit jüngeren Partnerinnen in Verbindung gebracht; zu diesem Image hat er selbst kräftig beigetragen, mit Interviewstatements wie »Ich könnte mir nicht vorstellen mit einer gleich alten Frau zusammen zu sein« und mit – wir kommen darauf zurück – unwillkürlich autobiografisch anmutenden Liedern wie *Und dabei könnt' sie meine Tochter sein* (1975).

Was Jürgens & Hörbiger konkret zu ihrem Hit inspirierte, lässt sich in *Smoking und Blue Jeans* nachlesen. München war der Schauplatz des schicksalhaften Geschehens: »An der Ampel bei der Kreuzung Leopoldstraße/Franz-Joseph-Straße lief vor meinem Wagen ein Mädchen über die Fahrbahn. Sie hatte langes, blondes Haar, ein gewinnendes Lächeln und trug einen Minirock. Diese verdammten Dinger konnten schon was anrichten! Tommy pfiff anerkennend hinter ihr her. Das Mädchen hielt für einen Moment inne, schaute kurz zu uns herüber, lachte uns an und lief weiter.«

In hektischer Fahrt nehmen die vom kurzen Rock Berauschten die Verfolgung auf, müssen, um der Straßenverkehrsordnung gerecht zu werden, einen Umweg in Kauf nehmen – und scheitern: »Als wir endlich die Stelle erreicht hatten, an der ich das hübsche blonde Mädchen zuletzt gesehen hatte, war sie verschwunden.« Ein tragischer Moment gewiss, doch aus Tragik entsteht mitunter Kunst oder zumindest ein effektvoller Schlager. Die Stadt München hält es übrigens bis heute nicht für nötig, an der historisch bedeutsamen Ecke Leopoldstraße/Franz-Joseph-Straße eine Hinweisplakette anzubringen.

Obwohl damit der Antrieb zu *Siebzehn Jahr, blondes Haar* klar benannt wurde, gaben sich nicht alle Fans mit dieser Erklärung zufrieden. Ein YouTube-Nutzer verstieg sich sogar zu einem faszinierenden Kommentar: »Es ist nicht allgemein bekannt, aber dieses Lied, *Siebzehn Jahr, blondes Haar*, wurde von Udo Jürgens über ein blondes 17-jähriges norwegisches Mädchen geschrieben, das er in Oslo kennenlernte, als er 1966 in den NRK-Aufnahmestudios in Oslo auftrat. Ihr Name war Sylvi Staal und sie war die Tochter des Cheffagottisten [!] im NRK Radio Orchestra. Udo bat ihren Vater um seine Zustimmung, sie zum Abendessen auszuführen, und es folgten einige weitere Verabredungen, während er in Norwegen war.«

Leicht ließe sich diese – so merkwürdig mit Details auftrumpfende – Interpretation abtun, da Jürgens' Lied bereits ein Jahr vor dieser vermeintlichen Osloer Begegnung auf den Markt kam. Doch wenn man sich im Internet auf die Suche nach »Sylvi Staal« begibt, findet man eine Frau dieses Namens, die bis 2003 in leitender Position in der Princess Gardens Trowbridge Management Company in Somerset tätig war. Geboren ist diese Ms. Staal 1949 und war 1966 also siebzehn Jahre alt ...

München oder doch Oslo – das ist die Frage, die Udo-Jürgens-Philologen noch manche schlaflose Nacht bereiten wird.

in dessen Mittelpunkt drei liebestolle Apothekertöchter stehen; später erlangte er Berühmtheit als Münchner Nachtclubkönig).

Hans R. Beierlein war in den Jahren 1964 bis 1966 an Jürgens' Seite und erlebte, wie der Grand Prix Eurovision de la Chanson (später: Eurovision Song Contest) zum Sprungbrett einer Weltkarriere wurde. Dreimal trat Jürgens für Österreich an; 1964 erreichte er den sechsten, 1965 den vierten Platz, und es bedurfte einiger Überredungskunst, damit er 1966 in Luxemburg – was in der Wettbewerbsgeschichte ohnehin ungewöhnlich war und ist – zum dritten Mal sein Glück versuchte.

Alle drei Grand-Prix-Lieder zählen zum Besten, was Udo Jürgens komponiert und gesungen hat. Alle drei Chansons fügten sich gut in den Kontext des Grand-Prix-Ambientes jener Jahre ein. An den Start gingen vor einem gut gekleideten Publikum höchstens achtzehn gut gekleidete Interpreten. Gewagte Performances gab es nicht, Bühnenshows ebenso wenig, und die einzigen akustischen Signale gingen von einem gediegenen Orchester aus, das in der Regel die Komponisten der Beiträge dirigierten. Udo Jürgens, seriös mit Anzug und

Krawatte auftretend, passte in dieses Bild. Er verkörperte das Urbild eines französisch anmutenden Chansonniers, der von traurigen Dingen, vom entflohenen Glück sang und sich kein Lächeln abringen konnte.

Warum nur, warum? (1964) und *Sag ihr, ich lass' sie grüßen* (1965) erreichten gute Hitparadennotierungen. Der Kopenhagener Beitrag von 1964 avancierte zu einem internationalen Erfolg; der Engländer Matt Monro, der im selben Jahr am Grand Prix teilgenommen und hinter Gigliola Cinquetti den zweiten Platz belegt hatte, nahm die Komposition von *Warum nur, warum?* auf Englisch auf – *Walk away* wurde zu einem seiner Klassiker.

1966 wie gesagt nahm Udo Jürgens seinen dritten Grand-Prix-Anlauf, wohl wissend, dass dies die letzte Möglichkeit war, den Sieg davonzutragen. Und die Ausdauer zahlte sich aus: Mit großem Punkteabstand setzte er sich mit *Merci Chérie* gegen die Konkurrenz durch, darunter Domenico Modugno, Michèle Torr und das norwegische Duo Lill Lindfors und Swantje Thuresson. Margot Eskens vertrat mit dem etwas faden *Die Zeiger der Uhr* Deutschland, das Udo Jürgens übrigens mit keinem einzigen Punkt bedachte. Jürgens' Lied, vorgetragen mit der für ihn so charakteristischen verhaltenen Dramatik, signalisierte allein durch seinen fremdsprachigen Titel internationale Anschlussfähigkeit. Worum es in *Merci Chérie*, das wie ein harmloses Abschiedslied klingt, freilich geht, ist nur auf den ersten Blick eine ausgemachte Sache.

Wie hoch die Anspannung in Luxemburg war, bis klar war, dass *Merci Chérie* souverän siegte, hat Udo Jürgens mehrfach beschrieben. Die Angst, auch beim dritten Mal sich nur achtbar zu platzieren, war groß. In *Der Mann mit dem Fagott* erinnert er sich an den Moment, als der Ergebnis feststand und er ein

Merci Chérie (1966)
(Musik: Udo Jürgens; Text: Thomas Hörbiger)

Grand-Prix-Beiträge sind oft textarm, da sie drei Minuten nicht überschreiten dürfen. Jürgens' Siegerlied zeichnet sich indes selbst vor diesem Hintergrund durch einen ungemein übersichtlichen Grundwortschatz aus. Einzelne Wörter wie »Adieu« oder »Merci« werden zudem mehrfach wiederholt, was Thomas Hörbigers Text einen beschwörenden Ton gibt.

Wovon handelt dieses Lied? Fraglos meldet sich ein männliches Ich zu Wort, das sich von einer weinenden Frau, Chérie genannt, verabschiedet. Der sich davonmachende Gefährte beteuert das Beglückende der einstigen Liebe und hält sich mit gutgemeinten Ratschlägen nicht zurück: »Sei nicht traurig, muss ich auch von dir gehen.«

Warum die Liebesseligkeit nicht von Dauer war, bleibt ein Rätsel. Rationale Gründe existieren offensichtlich nicht, ja, es scheint zum Wesen der Liebe zu gehören, dass Trennungen quasi vom Himmel fallen. Der Traum »fliegt dahin«, das Glück kann nicht beeinflusst werden (»Zwingen kann man kein Glück«), Tränen sind unausweichlich, ja sinnlos, denn hinter dem Trennungsgeschehen steckt eine Folgerichtigkeit, deren Trost dünn klingt: »Auch das hat so seinen Sinn« – wenn man nur wüsste, welchen.

So steigert sich *Merci Chérie* in einen Furor, der als kausale Erklärung schließlich eine nicht zu zähmende Naturgewalt bemüht: »Denn kein Meer ist so wild wie die Liebe, / die Liebe allein, / nur die kann so sein ...« Die Begründung zeugt von Fatalismus. Warum eine Liebe scheitert, hängt also nicht von unwesentlichen Details, von mühsamen Auseinandersetzungen oder Seitensprüngen ab. Vielmehr unterliegt sie Naturgesetzen, die stärker als die Wellen des Ozeans sind und mit ihrer Wildheit die Liebe davonschwemmen.

Von ferne erinnert das an ein sprichwörtlich gewordenes Lied aus dem Jahr 1960, an Connie Francis' *Die Liebe ist ein seltsames Spiel*, das eine rätselhafte, oft überhörte Zeile enthält: »Die Liebe nimmt uns alles, doch sie gibt auch viel zu viel.« Die Menschen sind – folgt man Udo Jürgens und Connie Francis – von der Liebe generell überfordert. Sie leiden, wenn sie »alles« nimmt, doch selbst in Momenten der Erfüllung sind wir ihr nicht gewachsen, denn sie gibt nicht nur »viel«, sondern »viel zu viel«.

Die Schieflage in *Merci Chérie* entsteht dadurch, dass die abservierte Frau nicht zu Wort kommt und allerlei gute Tipps und Sentenzen mit auf den Weg bekommt. Ihre Tränen, gewiss, »tun weh, so weh«, was keinen Grund darstellt, »traurig« zu sein. »Schau nach vorn, nicht zurück« lautet der finale, dürftige Rat. Wer will schon so etwas hören, wenn man gerade erfährt, dass es aus und vorbei ist? Der angestrengte Versuch, die Schuld auf anonyme Mächte, auf das wilde Meer der Liebe zu schieben, hilft nicht weiter. Er »muss« gehen – was soll die Zurückgelassene dazu sagen? Seine rührenden Dankesworte für die so schöne Liebe, die man einst teilte, verhöhnen die in die Wüste Geschickte.

Der Schriftsteller Andreas Maier hat in seinem Buch *Mein Jahr ohne Udo Jürgens* philologisch und musikwissenschaftlich alles aufgefahren, um diese geheime Botschaft von *Merci Chérie* herauszuarbeiten. Was unter einem deutschen Titel wie *Danke, Liebling* nicht vorstellbar gewesen wäre, lässt sich à la française gut zwischen den Zeilen sagen: Der Mann ist, ein typisches Udo-Jürgens-Motiv, ein sexuell getriebener Wandergeselle, der nach erfahrener Lust, die sich im Höhepunkt des Liedes »Denn kein

Meer ...« niederschlägt, erschlafft, sich allenfalls zu einem »so schön, so schön« aufzuraffen vermag und sich alsbald schnell vom Acker macht. Oder in den harschen Worten Andreas Maiers: »Der Mann verlässt die Frau, sie kümmert ihn in Wahrheit einen feuchten Kehricht, und er nimmt die Gelegenheit wahr, noch einmal kräftig Spaß mit ihr zu haben, und dann hält sie wenigstens auch ihr Maul.«

Das alles haben Udo Jürgens und Thomas Hörbiger äußerst raffiniert verpackt. Der Schlager kam zumindest in dieser Zeit nicht umhin, die rüden Wahrheiten des Lebens zu idyllisieren. Und so glauben viele bis heute, dass *Merci Chérie* nicht mehr als ein bewegendes, traurig-wehmütiges Trennungslied sei – ein Missverständnis, dem 2014 auch Helene Fischer aufsaß, als sie bei der TV-Gala zu Udo Jürgens' achtzigstem Geburtstag ihre Version des Lieds zum Besten gab (und den Jubilar in starke Rührung versetzte). Allein, dass eine Frau *Merci Chérie* singt, sorgt für Komplikationen, und da Helene Fischer nicht zu den Frauen gehört, die in feministischer Absicht den Spieß des Liedes umdrehen wollen, klingt ihre Fassung wie eine einzige Fehlinterpretation. Die unterschwellige Botschaft des Grand-Prix-Klassikers hat sich ihr nicht im Entferntesten erschlossen.

Die keine Erklärung nötig habende Referenzgröße, die *Merci Chérie* genießt, zeigte sich übrigens zuletzt im Kino: in Ulrich Seidls Film *Rimini* (2022). Die trist-eklige Geschichte des alternden Schlagerstars Richie Bravo, der im winterlich ebenso tristekligen Rimini vor Bustouristen auftritt und seine wie er in die Jahre gekommenen Groupies gegen Honorierung sexuell beglückt, hat einen frühen Höhepunkt, als Richies Mutter zu Grabe getragen wird. Am Sarg wird ihr Lieblingslied gespielt, natürlich *Merci Chérie*.

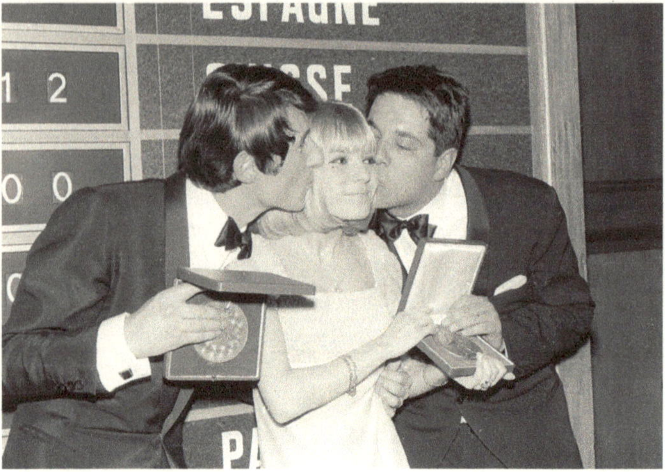

Udo Jürgens und Thomas Hörbiger mit France Gall beim Grand Prix 1966

zweites Mal auf die Bühne gebeten wurde: »Ich kämpfe mit den Tränen. Ich ahne, dass dies ein ganz entscheidender Moment meines Lebens ist, vielleicht der wichtigste, und ich kann nichts anderes tun, als all diese unfassbaren Gefühle in dieses eine, einzige kleine Lied zu legen, das mir diesen Augenblick geschenkt hat. Ich spiele, ich singe, ich höre mir wie von außen zu, ändere im letzten Vers den Text: ›Merci Jury‹. Aufbrausender Jubel.«

Trotz aller Aufregung fand Udo Jürgens Zeit, auf der Bühne erotische Signale auszusenden und zu empfangen. Als man ihn mit der Vorjahressiegerin France Gall, einem »bezaubernden jungen Mädchen«, zum Fototermin bat, blieb selbst im Siegestaumel dafür Zeit: »Wir lachen, ich nehme sie in den Arm. Ein Lächeln für die Kamera, ein tiefer Blick. Und ich sehe die berühmten Sternchen in ihren Augen. ›A bientôt?‹« Wie die Sache weiterging, wissen wir nicht.

Der Luxemburger Triumph von 1966 war ein Meilenstein in Jürgens' Karriere, doch keine Garantie für dauerhaften Erfolg. Klug beraten, begriff Jürgens sofort, dass er sich auf den Grand-Prix-Lorbeeren nicht ausruhen durfte. In einem Interview mit Jan Feddersen hat er die Situation rückblickend klar umrissen: »Ein Sieg bei der Eurovision ist nicht genug. Ich wusste nur, jetzt hast du nicht nur die Tür aufgemacht, jetzt hast du den Fuß in die Tür gestellt zum internationalen Showbusiness. Ich bin dann mit meinem Manager ganz ruhig spazieren gegangen. Und Beierlein hat gesagt: Das Wichtigste ist jetzt, kühlen Kopf zu bewahren, wenn jetzt Angebote aus der ganzen Welt kommen. Ich sollte nur nicht glauben, dass ich jetzt schon der Größte bin. Jetzt sollte ein großes Lied nach dem anderen kommen – sonst verpufft der Eurovisionserfolg so schnell, wie er gekommen ist.«

Das Spaziergangsgespräch in der Nacht von Luxemburg fruchtete. Udo Jürgens blieb am Ball, legte nach, revolutionierte binnen weniger Jahre die Unterhaltungsbranche und feierte Erfolge, wie man sie zuvor nicht gekannt hatte.

Das Phänomen Udo Jürgens

Mit der zunehmenden Kommerzialisierung, der Verbreitung des Fernsehens und dem Aufkommen von Jugend- und Musikzeitschriften legte die Unterhaltungsindustrie mehr und mehr Wert darauf, das Image eines Künstlers zu pflegen, ihn zur ›Marke‹ aufzubauen. Während Komponisten und Texter nur mehr dem Fachpublikum präsent blieben, ging es vor allem darum, die Interpreten mit Wiedererkennungswert auszustatten. Ohne sich allzu sehr von Fakten beeindrucken zu lassen, erfand man Biografien, konstruierte ein Image, das dem Zeitgeschmack entsprechen sollte – und ließ Abweichungen nicht zu. So entstand zum Beispiel die Kunstfigur Freddy Quinn, die Fernweh, Matrosenromantik, Melancholie und dezente Traurigkeit auszustrahlen hatte. Quinn bildete in den 1950er-Jahren ein frühes Musterbeispiel solcher Marketingaktivitäten.

Eine Markenbildung dieser Art birgt indes Risiken. Einmal auf ein bestimmtes Bild festgenagelt zu sein erlaubt es kaum noch, neue Wege zu gehen. Dem Rock'n'Roller nimmt keiner den Schnulzensänger ab; die Stimmungskanone eignet sich nicht zum Interpreten feinsinniger Balladen. Die Angst, sein Stammpublikum zu verprellen, ist groß, und es droht zugleich

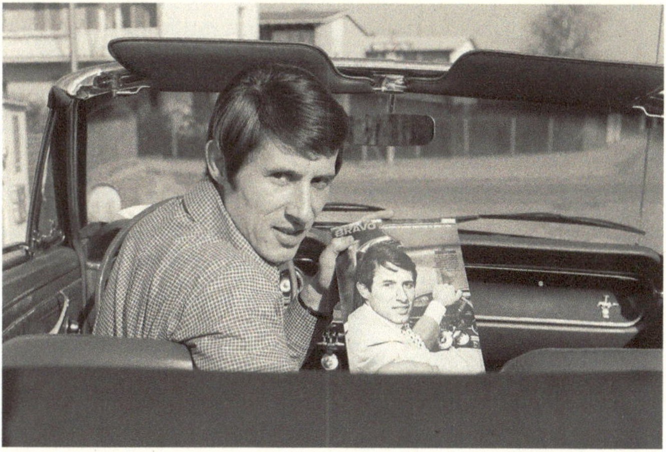

Udo Jürgens im Cabrio – mit einer Ausgabe der *BRAVO*, deren Cover er ziert, 1965

die Gefahr, als Produzent des Immergleichen verschrien zu sein und einem sich wandelnden Zeitgeist nicht entsprechen zu können.

Udo Jürgens' Karriere zeigt die beiden Seiten dieser Medaille mustergültig auf. Seine bekanntesten Lieder kennzeichneten ihn als Sänger, der um das Leid der Liebe weiß, dessen Repertoire viele Abschiede und Trennungen kennt. In seiner schlaksigen Anzuggestalt und mit seinem meist ernsten Mienenspiel hat er nichts von frecher Rebellion an sich. Jürgens verkörperte in diesen Jahren eine Populärversion des Existenzialismus und erinnerte nicht von ungefähr an französische Kollegen wie Gilbert Bécaud.

Sein Manager Beierlein, der zur selben Zeit, kein Zufall, französische Sänger in Deutschland populär machte, erkannte die Gefahr einer zu starken Markenzementierung und heckte früh Pläne aus, seinen Zögling nicht ausschließlich als »Werthers-Leiden-Sänger« zu präsentieren. Ehe diese Wandlung in Angriff genommen wurde, galt es jedoch zuerst, den Grand-Prix-Sieg zu untermauern.

Auf *Merci Chérie* folgten mit *Sag mir wie* und *Immer wieder geht die Sonne auf* zwei Lieder, die dem vertrauten Image des moralisch und musikalisch erregten, sich am Rande leiser Verzweiflung bewegenden Sängers entsprachen. Die ersten Langspielplatten wurden Erfolge, und 1967 übersprang *Merci Chérie* die Schwelle einer Million verkaufter Singles. Kurz darauf setzte Beierlein alle Hebel in Bewegung, seinen Schützling, wie man so schön sagt, neu zu erfinden und den Beweis anzutreten, dass dieser »nicht nur an der Welt verzweifeln kann«.

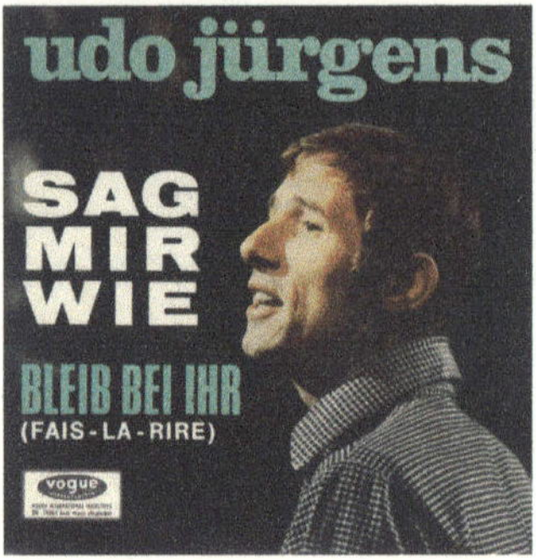

»Happy Udo« hieß das neue Etikett. In rascher Folge erschienen zwischen 1968 und 1970 Songs, die ungeahntes Temperament, ironisch gebrochene Erotik und fremdländische Exotik an den Tag legten. *Cotton Fields*, eine von Huddie Ledbetter stammende Komposition aus dem Jahr 1947, und das durch Harry Belafonte bekannt gewordene *Mathilda*, jener Calypso einer diebischen Frau, die ihrem Liebhaber das Geld raubt und nach Venezuela entflieht, sang Jürgens auf Englisch – ein ungewöhnliches Experiment für einen deutschsprachigen Schlagersänger.

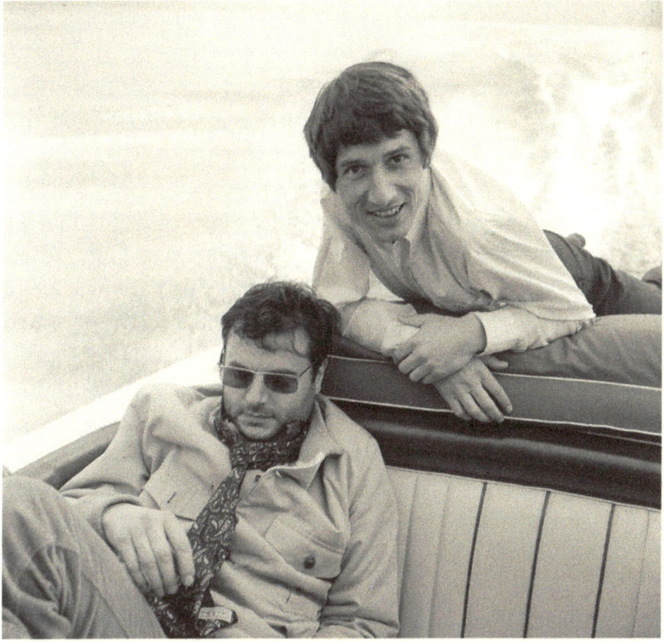

Udo Jürgens mit seinem Manager Hans R. Beierlein, wahrscheinlich im Jahr 1967

Den Ausflügen nach Amerika schlossen sich Erkundungen der russischen Seele an – was um 1970 Konjunktur hatte. Der Berliner Hans Rolf Rippert, der sich Iwan Rebroff nannte und sich landestypisch kostümierte, gab damals russische Volksweisen zum Besten, während die ebenfalls von Beierlein gemanagte Alexandra, die für Jürgens übrigens das Lied *Illusionen* textete, das ökologische Bewusstsein der Deutschen schärfte (*Mein Freund, der Baum*) und sich, Zigeunerjungen oder die alte Taiga besingend, als Expertin der slawischen Seele profilierte.

Jürgens und sein Management sprangen auf diesen Zug Richtung Moskau auf und landeten mit *Anuschka* und *Babuschkin* respektable Chartsplatzierungen, ungeachtet dessen, dass Texter Walter Brandin vor keiner Peinlichkeit zurückschreckte. Alle Versuche, selbst unter Einsatz von Alkohol die faszinierende Anuschka, »schön wie Milch und Blut«, zu erobern, scheitern (»Liebe heut' nix gut«). Die begehrenswerte Russin entscheidet sich für einen »Bär von Mann«, der – man ist nicht überrascht – bereitwillig Wodka ausschenkt. *Babuschkin* hingegen erzählt von einem Landsmann der unverführbaren Anuschka, der durch Faulheit und Verführungsgeschick auffällt. In Verse gegossene Lebensweisheiten wie »Wodka gut für Trallala, / Liebe gut für Hopsasa« zählen fraglos zu den Perlen der Schlagergeschichte. Die ›Humorigkeit‹ ist zu hören, ja, doch mit ihrem erotischen Schenkelklopfen lässt sich damit heute nichts mehr anfangen.

Dass man solche – würde man inzwischen sagen – plumpen Formen der kulturellen Aneignung und Klischeeverfestigungen nicht übelnahm, hat vor allem mit Udo Jürgens' Präsentationsweise zu tun. Wie er Brandins witzig sein wollende Texte ironisierte und so dazu aufforderte, diese nicht ernst zu nehmen, nahm allen Angriffen die Spitze. »Happy Udo« ließ alles an sich abprallen.

Zu diesem Bereich der ›heiteren‹ Lieder gehört *Der Teufel hat den Schnaps gemacht* aus dem Jahr 1973. Der Text stammte von Michael Kunze, der fraglos zu den Besten des Metiers gehört. Allzu genau und ernst freilich sollte man das Schnapslied nicht nehmen. Die Kneipenszene, in der ein Mädchen von der Heilsarmee das trinkende Ich vor seinem Tun warnt und Alkoholika generell als Teufelswerk verdammt, erweist sich überraschenderweise als zugänglich für erotische Avancen und nimmt den Zecher mit auf ihr Zimmer. Dort aber zeigt sich die wahre Verheerung, die Hochprozentiges nach sich zieht: »Wer zu viel trinkt, / ist leider oft / nur noch ein halber Mann.« Die libido- und potenzsenkende Wirkung des Schnapses führt zu einem fatalen Resultat. Das Heilsarmeemädchen agiert somit höchst geschickt und zeigt, als ihre missionarischen Worte nicht recht fruchten, dem trinkenden Kneipengänger in actu, welche schädigenden Effekt der Alkohol hat. Ein »halber Mann« – wer will das schon sein?

Dass die ›russischen‹ Lieder relativ offenherzig Verführungsabsichten äußerten, hat viel mit der Libertinage der späten 1960er-Jahre zu tun. Wo die deutsche Gesellschaft genötigt wurde, den Muff unter den Talaren zu vertreiben, und sich dem Erotischen Schritt für Schritt zuwandte, da kommt der Schlager nicht umhin, sexuelle Begierden nicht mehr unter metaphorischen Gemeinplätzen zu vergraben. Anders als sein Kollege Roland Kaiser, der kaum verhüllt Entjungferung Minderjähriger (*Santa Maria*) oder Untreue (*Manchmal möchte ich schon*) besang, versah Udo Jürgens im Sog der 68er-Rebellion sexuelle Begierde mit einem Schutzmantel des Scherzhaften und Augenzwinkernden.

Musterbeispiel dafür ist eine Coverversion von Hugues Aufrays *Le rossignol anglais*, die vom Spezialisten für das erotisch-ironische Subgenre Walter Brandin einen sich nah am Original orientierenden Text verpasst bekam. *Es wird Nacht, Señorita* heißt das dann auf Deutsch und weiß von einem müden Wanderer zu berichten, der Unterschlupf sucht: »Es wird Nacht, Señorita, / und ich hab' kein Quartier. / Nimm mich mit in dein Häuschen, / ich will gar nichts von dir.« Natürlich handelt es sich um vorgetäuschte Unschuld. Erst nichts, dann »Ruhe« und Quartier will der Wandersmann nur, Letzteres am besten im »Bettchen« der Señorita mit Hausbesitz. Danach steigert sich die Keckheit – ein Kuss soll es sein und schließlich »etwas Liebe«, denn der Obdachlose verfügt über Qualitäten: »Doch ich lieb' dich auch dann / nicht so schlecht wie die andern.«

Der zu dauerhafter Beziehung nicht fähige Mann, der von einer Blüte zur anderen schwirrt, das ist ein Udo-Jürgens-Motiv schlechthin, doch während es in *Merci Chérie* mit schicksalsergebenem Klagegestus vorgetragen wird, machte Happy Udo daraus eine amüsante Sexsuche, deren Verspieltheit selbst die strengsten Sittenhüter nicht auf den Plan rief. Wer wollte in einer Zeit, da der sozialliberale Geist zu wehen begann und die Nächstenliebe entdeckt wurde, einem einsamen Nachtwanderer die Tür weisen? Selbst Udo Jürgens' biederer Landsmann Peter Alexander forderte kurz darauf in *Hier ist ein Mensch* dazu auf, irgendwelche Nachbarn ins Haus zu bitten (»Hier ist ein Mensch, / der ist allein. / Du bist es nicht, / ruf ihn herein«) – wenngleich nicht in zwielichtiger Absicht.

Dass sich Jürgens' *Señorita* mehrere Monate lang in der Hitparade tummeln durfte, zeugte vom veränderten Zeitgeist; kein Wunder, dass es bald zu Parodieehren kam. Otto Waalkes' Fassung nennt beim Namen, was Udo Jürgens' Fans längst wussten, aber nicht so plump aussprechen wollten: »Es ist Nacht, Señorita, / (Normalerweise lass ich diesen Vers aus) / es ist Nacht, Señorita, / und ich liege auf dir (Wow). / Wie du vielleicht bemerkt hast, / will ich gar nichts von dir.«

Innerhalb weniger Jahre nahm Jürgens' Karriere rasant Fahrt auf. Aus dem Künstler, der sich realistischerweise mit dem Gedanken getragen hatte, nur noch hinter der Bühne zu agieren, wurde ein Star, der einen Triumph nach dem anderen feierte. Im September 1969 machte er sich zu einer akribisch geplanten Tournee auf, die ihn mit über 250 Stationen quer durch Europa führte. Umfragen von Meinungsforschungsinstituten konstatierten, dass er nahezu allen Deutschen ein Begriff sei und als »Idol« der Jugend gelte, in der Popularität nur von den Kennedy-Brüdern übertroffen.

Dieser Ruhm hatte mit der ›normalen‹ Anerkennung, die ein erfolgreicher Schlagersänger erfährt, nichts mehr zu tun und führte dazu, dass sein Auftreten und seine Lieder eine Vielzahl von Deutungen nach sich zogen. Udo Jürgens' Wirkung rief Feuilletonisten, Musikwissenschaftler und Soziologen auf den Plan, die voller Fantasie nach Erklärungen suchten. Zwei Buchpublikationen aus den Jahren 1970/71 spiegeln das gesellschaftliche ›Ereignis‹ Udo Jürgens besonders eindrücklich.

Im Axel Juncker Verlag erschien 1970 das aufwendig produzierte, großformatige *Udo-Jürgens-Songbuch*. Für die Buchgestaltung sorgte der Designer Willy Fleckhaus, der unter anderem auch der *Bibliothek Suhrkamp* und der *edition suhrkamp* ihren unverwechselbaren, zeitlos-modernen Auftritt gegeben hatte. Illustrationen zum *Songbuch* steuerte Heinz Edelmann bei, der kurz zuvor als Art Director den Beatles-Film *Yellow Submarine* begleitet und den Umschlag für die erste deutsche Ausgabe von Tolkiens *Herr der Ringe* entworfen hatte. Das Vorwort verfasste der Schriftsteller Hans Hellmut Kirst, der seit seiner 1954/55 erschienenen Romantrilogie *08/15* Bestsellerstatus genoss – was freilich nicht dazu führte, dass ihm zu Udo Jürgens sonderlich Originelles einfiel: »Sein Publikum liebt ihn. Es spürt: hier ist ein äußerst ungewöhnlicher Mensch am Werk. Er gehört zu den ganz wenigen, von denen man sagen kann: ›Er macht nicht Musik – er ist Musik!‹« Fotografien schließlich steuerten Tassilo Trost, Will McBride und David Hamilton bei, jener Engländer, dessen oft in verschwommenes Licht getauchte Aufnahmen »junger Nymphen« seinerzeit nicht nur bei Pädophilen weit verbreitet waren. Kritik an diesen Teeniekitschfotos und an Filmen wie *Bilitis* (1977) kam erst später auf.

Das *Udo-Jürgens-Songbuch* adelte durch seine Gestaltung die abgedruckten Liedtexte, die von bekannten Größen wie Walter Brandin, Günter Loose oder Joachim Relin, aber auch von ›Seiteneinsteigern‹ wie James Krüss oder Joachim Fuchsberger stammten. Ziel war es, Jürgens als intellektuell satisfaktionsfähigen Künstler zu platzieren, der in der 1969 erstmals ausgestrahlten *ZDF-Hitparade* zwar auftrat, doch sich mit der dort verbreiteten Einfalt nicht gemein machen sollte. Udo Jürgens etablierte sich – und daran änderte sich bis zu seinem Tod nichts – als Solitär der Branche, der zwar eingängige Schlager schrieb, aber nicht als Schlagersänger galt. Dieser Spagat glückte ihm über viele Jahre.

Überboten wurde das *Songbuch* durch den 1971 im renommierten Zsolnay Verlag erschienenen Sammelband *Warum nur, warum? Das Phänomen Udo Jürgens*, der heute antiquarisch nur für einen dreistelligen Betrag zu bekommen ist. Schon der Klappentext fährt schwere Geschütze auf und betont, dass bei Jürgens' Gesang »kleine Mädchen schwach«, »Kirchenväter froh« und »Linksradikale mit den Zähnen« knirschen würden. Der Band sei ein »faszinierendes Psychogramm, das in der Literatur kein Beispiel findet«.

Selbst wenn man diese Werbeprosa nicht wörtlich nimmt: *Warum nur, warum?* ist ein außergewöhnliches, mitunter unfreiwillig komisches Buch, das den ›Markenartikel‹ Jürgens von allen Seiten beleuchtet, seinen Stellenwert und seinen Erfolg en détail analysiert, ohne mit Kritik zu sparen. Zu den Beiträgern zählten der Schriftsteller Johannes Mario Simmel, Publizisten wie Axel Eggebrecht und Reginald Rudorf, Theologen wie Adolf Sommerauer und Adolf Holl oder der Musiklehrer und ›Sexologe‹ Günther Hunold.

Dass man überhaupt einem Unterhaltungskünstler so viel Aufmerksamkeit schenkte, war keine Selbstverständlichkeit. Die ›leichte Musik‹ besaß seinerzeit ein denkbar schlechtes Image, wurde, oft mit Bezug auf Theodor W. Adornos Vorlesungen zur Musiksoziologie, als bloße ›Ware‹, als Sedativum zur Erhaltung des kapitalistischen Systems und als »verbrecherische Volksverdummung« (Peter Rühmkorf) abgekanzelt. Auch Udo Jürgens bekam diesen Hochmut zu spüren, doch er und sein spektakulärer Erfolg ließen sich nicht so leicht wie die gängigen Hitparadenproduktionen von Cindy & Bert oder Jürgen Marcus abtun. Weil seine Kompositionen oft überraschten, die Texte nicht nur die übliche Herzschmerzwelt bedienten und er eher ins Chansonlager zu gehören schien, durfte er sich penibler Aufmerksamkeit sicher sein. Nahm dieser Kärntner wirklich eine Ausnahmestellung ein, oder hüllte sich da einer nur in ein intellektuell schimmerndes, fadenscheiniges Gewand?

Warum nur, warum? liefert für diese Auseinandersetzungen reichlich Material. Schon der Eingangstext des Journalisten Peter Litschka arbeitet sich an Äußerlichkeiten ab und versteigt sich zu drolligen Beschreibungen: »Die Nase ragt etwas einsam in die Luft. Augen braun wie beim Reh, obschon er Jäger ist. Sie stehen etwas eng beisammen. Aber nicht unfreundlich. Nur wenn er ungeduldig wird, stechen sie. Der Mund voll, fast weiblich, rot und rund. Der Adamsapfel tritt auf bayerische Sennerart hervor. Die Haltung ist immer alert, schmiegsam, fast lauernd. Das Ganze superschlanke Stromlinie.«

Keine Grenzen offenbar waren den Deutungsfantasien gesetzt. Der Sänger, dessen Stimme, so der Schriftsteller Sigi Sommer, den »Strahl eines Wasserwerfers« besitze, heizte diese an, weil er Bedürfnisse zu bedienen schien, die einerseits zeitlos daherkamen, andererseits die gesellschaftlichen Veränderungen des 68er-Umbruchs widerspiegelten. Jürgens sei, so Simmel, das »Echo eines dürstenden Publikums«; er bewahre die »Sehnsüchte« und lindere den »Schmerz geschlagener Wunden«.

Mit anderen Worten: Udo Jürgens galt als jemand, der nicht mehr die heile (Liebes-)Welt wie etwa Roy Black (*Ganz in Weiß*) beschwor, sondern unterschwellige Regungen ansprach und Gefühls- und Lebenswelten differenzierter als die meisten seiner Kollegen besang. Warum gerade Frauen auf den Mann und den Künstler Udo Jürgens so euphorisiert reagierten, führte zu aberwitzigen Interpretationen. Für *Warum nur, warum?* lieferte Günther Hunold solche in gleich drei Betrachtungen mit vielversprechenden Titeln: »Musik und Sexualität«, »Orgasmus im Konzertsaal« und »Der unbewusste Gruppensex«. Er, musikwissenschaftlich geschult, ließ es sich nicht nehmen, die (sexuelle) Wirkung der Lieder aus ihren Kompositionselementen zu erklären – mit verblüffenden Ergebnissen: »Udo Jürgens bietet seinen weiblichen Zuhörern das musikalische Äquivalent eines pausenlosen Orgasmus, einer nicht endenwollenden Kette von Höhepunkten. […] Die erotische Dynamik der stilbildenden Triolen des Udo Jürgens vermittelt den Zuhörern einen pausenlosen Orgasmus. Einen Orgasmus, auf den sie im Leben verzichten müssen, weil es ihn physiologisch nur selten und künstlerisch gestaltet überhaupt nicht gibt.« Jürgens' Konzerte seien folglich »kollektive Sexualveranstaltungen« und hätten »Orgien«-Charakter.

Hunolds Erörterungen sind bis heute unübertroffen. Interessant zu wissen, dass dieser Autor, 1926 in Halle geboren, seit Ende der 1960er-Jahre mit zahlreichen Publikationen auf der ›Sexwelle‹ surfte. Im zum Beate-Uhse-Imperium gehörenden Flensburger Carl Stephenson Verlag legte er Titel wie *Liebe zu dritt*, *Intime Küsse in Wort und Bild* oder *Der Po der Frau* vor, aber auch Publikumsverlage wie Moewig und Heyne verpflichteten den selbsternannten Sexualwissenschaftler für einschlägige Themen. Nicht zuletzt schrieb er zweifelhafte Filmgeschichte, als er 1970 den Gesprächsprotokoll-Band *Der Schulmädchen-Report* publizierte – Grundlage der insgesamt dreizehn hocherfolgreichen Sexfilmchen gleichen Namens.

Wo sich Schriftsteller, Musik- und Sozialwissenschaftler, Journalisten und Soziologen an dem Udo Jürgens dieses Jahrzehnts, dem Phänomen »Udo 70«, abmühen, da darf die Theologie nicht fehlen. Diese durfte sich angeregt oder provoziert sehen, denn durch alle Jahrzehnte hinweg ließ es sich Jürgens nicht nehmen, seine Lieder mit ›großen‹ philosophischen und theologischen Fragen zu bestücken. Kirchenvertreter reagierten darauf unterschiedlich. Während die einen ›Ersatzreligionen‹ wie Musik oder Sport geißelten, der sich die Menschen mehr und mehr zuwandten, sahen die anderen eine Möglichkeit, sich die Popularität eines Udo Jürgens zunutze zu machen und verschüttete religiöse Gefühle neu zu entfachen.

Wer ist er (1968)
(Musik: Udo Jürgens; Text: Walter Brandin)

Wie geht das zusammen? Wie kann man von immer wieder aufgehenden Sonnen, von Liebesleid, Trennungen, feurigen russischen oder abweisenden spanischen Mädchen singen und auf mal originelle, mal stereotype Weise das liefern, was die Schlagerwelt erwartet, und gleichzeitig Lieder vortragen, die Theologisches erörtern? *Wer ist er* – ausgerechnet 1968 veröffentlicht – ist ein solches Paradox, oder sagen wir besser: ein solches scheinbares Paradox.

Schon die zweite Strophe stellt die Grundfrage: »Wer ist er, der dieses All ersann, / der alles weiß und kann, / der immer war, von Anfang an ..., / der uns das Leben schenkt / und uns're Wege lenkt?« Angesprochen wird ein namenloses Du, das die gleichen Fragen wie der Sänger zu stellen scheint und ebenso wenig Antworten darauf kennt. Namenlos bleibt auch der fragend gesuchte »Er«, jene Instanz, die – so Texter Brandin – alles schuf, was vor unsere Sinne tritt: die Form des Schmetterlings, die Schneeflocke, das Lied der Nachtigall, die Sternennacht, die grünen Wälder, den Sonnenuntergang. »Er« (von Frauen war in diesem Zusammenhang damals keine Rede) hält den »Gang der Welt« in seinen Händen, ist von keinem »Verstand« zu ermessen und verfügt über einen »Plan«, den wir zwar nicht kennen, von dem »uns're Bahn« aber ein Teil sei.

Keine Frage: Udo Jürgens sucht nach Gott, auch wenn dieses Wort nicht fällt. Sein Fragenkatalog spricht latente Sehnsüchte an, das ungefähre Forschen nach dem, was die Welt zusammenhält. Je mehr sich die Menschen am Materiellen, an Sinnenreizen orientieren, desto größer das Fehlen einer metaphysischen Klammer. Freilich scheinen nicht alle Erscheinungen der Welt gleichermaßen geeignet zu sein, Sinnsuche auszulösen. Von Autobahnraststätten, Hochöfen, Bahnhofsvierteln oder Gastarbeiterunterkünften ist in diesem Lied keine Rede. Es sind klassische naturromantische Topoi, die gegen das Zufällige oder Nichtige unseres Daseins heraufbeschworen werden. »Fachlich gesehen«, so der Theologe Adolf Holl, »lebt Udos Lied von dem, was Theologen und Philosophen den kosmologischen Gottesbeweis nennen.« Nur in der unberührten Natur drängt sich das ungewisse Gefühl auf, Teil eines allumfassenden Zusammenhangs zu sein. Eine Restgläubigkeit schlummert selbst in den Menschen, die von Kirche und Religion nichts wissen wollen. Der Seelenflüsterer Udo Jürgens fängt sie ein, ohne Antworten zu geben. Er ist so klug wie seine Fans.

So unterscheidet sich *Wer ist er* gar nicht so sehr von dem anderen, was Jürgens in dieser Zeit besang. Wie in der Liebe nicht verstanden wird, warum sich Paare trennen, und an vage melancholische Gefühle appelliert wird, da bleiben auch die religiös angehauchten Songs im Diffusen. Zu großen Hits wurden sie nicht, doch sie festigten Jürgens' Ruf eines nachdenklichen Mannes, der über den Tellerrand seines Tuns hinausblickt.

Weit mehr Aufsehen als *Wer ist er* erregte zwanzig Jahre später das papstkritische, das 1. Buch Mose zitierende *Gehet hin und vermehret euch*, für das Friedrich Lehmann den Text schrieb. Hoch komplex in seiner Komposition und alles auffahrend, was ein Orchester zu bieten hat, prangert das Lied die Haltung der katholischen Kirche zu Überbevölkerung und Empfängnisverhütung an. Als Prologsprecher diente der TV-Nachrichtenanchorman Hanns Joachim Friedrichs, und Papst Johannes Paul II. durfte sich unmittelbar angesprochen fühlen: »Und da hat einer gütige Hände / und ein gutes, kluges Gesicht, / aber denkt er das Diesseits zu Ende / wenn er vom Jenseits spricht? // Kondom tabu und Pille verpönt, / denn aus berufenem Munde ertönt: / Gehet hin und vermehret euch, / gehet hin und vermehret euch.«

Der Effekt war vorprogrammiert und gewollt, und er trat ein. Die katholische Kirche protestierte heftig; der Bayerische Rundfunk weigerte sich, das Lied zu spielen. Man mag es überzogen, ja albern finden, wenn Unterhaltungskünstler sich als Weltversteher und Weltverbesserer gerieren. Dass Jürgens, seine immense Strahlkraft ausnutzend, mit solchen plakativen Botschaften weit mehr Menschen erreichte als Leitartikler oder Wort-zum-Sonntag-Redner, steht freilich außer Frage. Bis zu seinem Tod blieb er dabei, Lieder zu singen, die zeitgenössische Entwicklungen geißeln und Stellung beziehen. Der ›gesellschaftskritische‹ Udo Jürgens, diese neue Marke entstand um 1970. Er eckte damit an, man verhöhnte und beschimpfte ihn – beirren ließ er sich dadurch nicht.

Ein ehrenwertes Haus – der Gesellschaftskritiker

Manager Beierlein verfolgte einen klaren Weg, um die Vielseitigkeit seines Stars herauszustellen. War Happy Udo erfunden worden, um die drohende Eintönigkeit permanenter Herzschmerzsongs zu verhindern, so zeigten sich schon da erste, scherzhaft verpackte politische Statements. In *Babuschkin*, dieser Würdigung eines wodkaseligen, arbeitsscheuen, liebeshungrigen Russen, schlägt der vor nichts zurückschreckende Texter Walter Brandin pazifistische Töne an, als Babuschkin Militärdienst zu leisten hat: »Dann zu den Soldaten / zogen sie ihn ein. / Er, der müde Krieger, / riss sich aus kein Bein. / Morgens schlief er weiter, / und sein Schießgewehr / schoss vor Rost nicht mehr. / Er trieb es zu bunt, / bis der General schrie: / ›Wenn so jeder wär', / käm' das Militär / völlig auf den Hund!‹ / Babuschkin, der grinste und sagte nur: / ›Na und …‹« Die Erkenntnis des Antimilitaristen Babuschkin ist so eine einfache: »Wozu ist das Schießen gut?« Dass selbst in Zeiten des Kalten Kriegs das waffenklirrende Russland nicht nur aus schießwütigen Kommunisten bestand, darin lag die kecke Friedensbotschaft dieses Lieds.

Was in *Babuschkin* in hitparadentaugliche Rhythmen verpackt war, kam ein Jahr später – 1971 – ernsthaft und provozierend deutlich einher. *Lieb Vaterland* ist einer der ungewöhnlichsten Schlager, die es unter die Top 20 der Charts schafften. Von Beierlein gezielt gesteuert, sollte das Lied anstößig wirken und Diskussionen auslösen. Es reihte sich, indem es auf Max Schneckenburgers patriotisches *Die Wacht am Rhein* von 1841 zurückgriff, in die politische Lyrikgeschichte ein. Den Text zu Jürgens' Komposition besorgte der vor allem als Drehbuch- und Kabarettautor bekannte Eckart Hachfeld, der keineswegs nur politisch eindeutige (Schlager-)Texte, sondern für Jürgens auch das Lotterielied *Zeig mir den Platz an der Sonne* und das Kuchengier tadelnde *Aber bitte mit Sahne* verfasste.

Das Lied wendet sich, so Jürgens selbst, gegen einen Ellbogen- und Haifischkapitalismus und ist in seiner Kritik klar von der Gesellschaftskritik des Studentenaufbruchs geprägt: »Lieb Vaterland, wofür soll ich dir danken? / Für die Versicherungspaläste oder Banken? / Und für Kasernen, für die teure Wehr? / Wo tausend Schulen fehlen, / tausend Lehrer und noch mehr! / Konzerne dürfen maßlos sich entfalten, / im Dunkeln steh'n die Schwachen und die Alten. / Für Krankenhäuser fehlen dir Millionen, / doch unsere Spielkasinos scheinen sich zu lohnen.«

Mit einem Mal, so schien es, stand Udo Jürgens eindeutig im linken Lager, textlich, nicht kompositorisch in der Nähe von Politliedermachern wie Franz Josef Degenhardt, Dieter Süverkrüp oder Hannes Wader und richtete seinen Zorn gegen ein auf Profit versessenes System, das eine Klassengesellschaft zynisch in Kauf nehme.

Gegen Ende erst bemüht sich Hachfelds Text um verbindlichere Töne, im Appell an das »Vaterland«, die »jungen Bärte« der nachrückenden Generation ernst zu nehmen: »Die Jugend wartet auf deine Hand.« Der weichgespülte Ausklang ist eher metaphorischer Unsinn, denn wer verkörpert das »Vaterland«, das da die Hand ausstrecken soll? So unterscheidet sich dieser politisch kämpferische Text nicht sehr von Liebesschlagern, die Trennungen besingen, am Ende die Kurve kriegen wollen und die Hoffnung ausstreuen, alles werde sich zum Guten wenden. Wo immer wieder die Sonne aufgeht, ist sogar im bösen Kapitalismus nicht alles verloren. Ein bisschen Einsicht könnte es ja richten. Der Schlager, selbst der gesellschaftskritische, tut sich schwer, trostlos zu enden.

Lieb Vaterland sorgte für Furore – so wie es Manager Beierlein beabsichtigt hatte. Die Presse von links wie rechts diskutierte das Lied, verurteilte es. An Schulen wurde es erörtert, und selbst das DDR-Fernsehen meldete sich zu Wort. Udo Jürgens saß zwischen allen Stühlen. Die einen vermerkten spöttisch, dass es wohlfeil sei, wenn sich ein Millionär wie Jürgens zum Systemkritiker aufschwinge; die anderen sahen in *Lieb Vaterland* einen billigen Ritt auf der linken Zeitgeistwelle. Konservative Publizisten wie Matthias Walden, die die Zumutungen der APO und die seit 1969 regierende sozialliberale Koalition ohnehin schwerlich verkrafteten, sahen das Lied als platte Vereinfachung oder, so Hans Habe, als »infame Demagogie«. Dass Udo Jürgens zudem Österreicher war und sich herausnahm, offensichtlich nicht sein, sondern das deutsche Vaterland zu tadeln, machte die Sache für seine Kritiker nicht besser.

Wer sich heute auf YouTube ansieht, wie Jürgens damit im April 1971 im legendären ZDF-Vorabendmagazin *Die Drehscheibe* auftrat, erkennt sofort, warum dieses Lied von allen Seiten unter Beschuss genommen wurde: Da sieht man einen jungen Mann im eleganten schwarzen Trenchcoat durch eine Stadt schlendern, vorbei an pompösen, dem Geist des 19. Jahrhunderts verhafteten Denkmälern. Revolutionär-Bärtiges hat er nicht an sich; stattdessen besingt er mit melancholisch umflortem Blick in aller Seelenruhe ein ausbeuterisches Gesellschaftssystem. Diese Diskrepanz empfanden viele als scheinheilig, als ›Masche‹, doch sie traf gerade durch ihren unaufgeregten Gestus ein weitverbreitetes Unbehagen, das – wie die YouTube-Kommentierungen bis heute zeigen – aktuell geblieben ist.

Kein anderes Lied Jürgens' hat einen vergleichbaren Aufruhr wie *Lieb Vaterland* ausgelöst. Was nicht verdecken soll, dass sein ganzes Werk von mal lauten, mal leisen kritischen Tönen durchzogen ist. Seine durch keinen Fehltritt zu beeinträchtigende Glaubwürdigkeit machte ihn zu einem Mahner, dem das Publikum nahezu alles abnahm. Wer Revue passieren lässt, welche Themen in seinen Liedern von den 1960er-Jahren bis zu seinem Tod Platz fanden, staunt. Ein Unbehagen an den herrschenden Lebensformen nistet sich nicht nur zwischen den Zeilen ein, wechselt vom Unkonkreten zum klar Benannten.

In *Tausend Fenster* (1968) zum Beispiel ist es die Unwirtlichkeit unserer Großstädte, ein von Schlagertextern gern genommenes Sujet. Christian Anders beklagte in *Einsamkeit hat viele Namen* (1972), dass in der »Welt der Lichtreklamen« jeder nur zeige, »was man besitzt«, und selbst ein eher auf einfachen Frohsinn spezialisierter Mann wie Chris Roberts fühlte sich – in *Hab' ich dir heute schon gesagt, dass ich dich liebe* (1971) – allein gelassen in einer Welt, wo »Kinderlärm und Steuerprüfer, Luftverschmutzung, tausend Spießer« jede Stunde zum »Vulkan« machten und keiner mehr Zeit habe, die »Welt zu sehen«.

Jürgens reiht sich mit *Tausend Fenster* (Text: Walter Brandin) nahtlos in dieses Großstadtlamento ein. Für die vielbeschworene Anonymität der abendlichen Metropolen finden sich passende Bilder: »Die große Einsamkeit / tritt in jedes Haus um diese Zeit. / Wie auf kleinen Inseln leben wir. / Du weißt nicht mal, wer wohnt neben dir.« Das »Häusermeer« einer kalten »Welt voll Lärm und Licht« macht den Menschen »einsam und allein«. Herrschte hier eher ein diffuses Gefühlsunbehagen, so griff Jürgens regelmäßig auf Texte zurück, die dem Schlager neue Themen (und Vokabeln) zuführten. Wie kein anderer entwickelte er sich zum Mahner aller möglichen Missstände, und wenngleich aus diesen ›kritischen‹ Reflexionen selten große Hits wurden, blieben sie ein fester Bestandteil der Konzerte und gaben dem Publikum das Gefühl, keinem bloßen Heile-Welt-Abend beigewohnt zu haben.

So wandten sich seine Lieder im Lauf der Jahre gegen alles, was zu kritisieren war: gegen die atomare Bedrohung (in *Am Tag davor*), übermäßigen Fernsehkonsum (in *Die Glotze*), architektonische Scheußlichkeiten (in *Schöner wohnen*), Arbeitsplatzrationalisierung (in *Gefeuert*), Lebensmitteldiscounter (in *Tante Emma*), Umweltzerstörung (in *5 Minuten vor zwölf*) oder die Vereinnahmung durch die digitale Welt (in *Der gläserne Mensch*).

Bei wohlwollender Betrachtung lässt sich selbst ein Lied, das den übermäßigen Genuss kalorienreicher Konditoreiprodukte verhandelt, in dieses ›kritische‹ Werksegment eingliedern. Das munter getextete und munter rhythmisierte, mit Oh-yeah-Lauten versehene *Aber bitte mit Sahne* (1976) kletterte immerhin auf Chartsplatz 5, obwohl darin Frauen mit schlagerunüblichen Vornamen – Mathilde, Ottilie, Juliane – und schlagerunübliches Backwerk – Sahnebaiser, Mohrenkopf, Marzipantorte – die Hauptrolle spielen. Der nicht zu kontrollierende »Sturm auf das Kuchenbuffet« lässt den Tod frohlocken und »sahnt« die Damen der Reihe nach ab, bis die Letzte vom »Stuhl in der Konditorei« kippt und das betrübliche Finale ins Haus steht: »Und der Pfarrer begrub sie mit rührenden Worten, / dass der Herrgott den Weg in den Himmel ihr bahne, / aber bitte mit Sahne, aber bitte mit Sahne.«

Zur Erinnerung: 1969 bot die Frauenzeitschrift *Brigitte* erstmals ihre ›Diät‹ an; ein Jahr später fand in Düsseldorf das erste deutsche Weight-Watchers-Treffen statt – Maßnahmen, die dazu beitragen sollten, das von der Wirtschaftswundervöllerei bedingte Übergewicht der Bevölkerung zu reduzieren und die Volksgesundheit zu befördern. Jürgens' *Aber bitte mit Sahne* reiht sich mit seiner Warnung vor unverhältnismäßigem Süßwarenkonsum in diesen Reigen ein.

Nachdem Willy Brandt Bundeskanzler geworden war, galt Udo Jürgens als Sprachrohr des sozialliberalen Aufbruchs, und er blieb dieser Grundhaltung treu, ungeachtet aller politischen Veränderungen, die sich danach in Deutschland (und in Österreich) ergaben. Sich derart zu positionieren – nicht nur als Bürger, sondern in der Kunst – ist im traditionell konservativen, auf unkomplizierten Konsum ausgerichteten Schlagergeschäft eine Seltenheit. Ökonomische und politische Themen spielen selten eine entscheidende Rolle. Lieder wie der *Konjunktur-Cha-Cha* des Hazy Osterwald Sextetts oder Gunter Gabriels Gehaltserhöhungsaufforderungsappell *Hey, Boss, ich brauch mehr Geld* sind exotische Blüten. Der Schlager ist – das verkennen seine Kritiker – per se keine Plattform für subtile gesellschaftspolitische Analysen oder Revolutionsaufforderungen. Udo Jürgens und seine Texter versuchten dieses Dilemma zu umgehen und infiltrierten die Gattung mit Tönen, die gerade so kritisch waren, dass sie als akzeptabel durchgingen.

Das heißt natürlich, dass das ›Kritische‹ in Jürgens-Liedern anschlussfähig ist, dass es nicht über das hinausgeht, was der sogenannte gesunde Menschenverstand nicht auch empfinden würde. Für den Atomkrieg, für Krieg, Umweltzerstörung oder Manchesterkapitalismus spricht sich offen niemand aus, und so rennen Jürgens' ›Protestsongs‹ meistens offene Türen ein. Diejenigen, die darin angegriffen werden, ignorieren sie ohnehin oder fühlen sich nicht gemeint.

Wo die Lieder versuchen Auswege anzubieten, bleiben sie – ganz schlagerkonform – im Vagen, greifen sie auf ›Träume‹, ›Hoffnungen‹ und ›Sehnsüchte‹ zurück, auf Formeln, auf die sich alle Gutwilligen verständigen können. Symptomatisch formuliert in *In dieser Welt* (1967; Text: Günter Loose): »In dieser Welt, wo Hass und Neid regieren, / wo ohne Sinn die Menschen Kriege führen / und wo die Angst in all' unsern Herzen schlägt, / da sehen wir noch einen Weg! / In dieser Welt, da wollen wir Freunde sein, / weil das nur ganz allein / auf dieser Erde zählt. / In dieser Welt, die uns gefangen hält, / bau'n wir aus Liebe unsre eigne Welt.« Der Rückzug auf Freundschaft und Liebe, aufs pure Private, ist konsensfähiger Eskapismus.

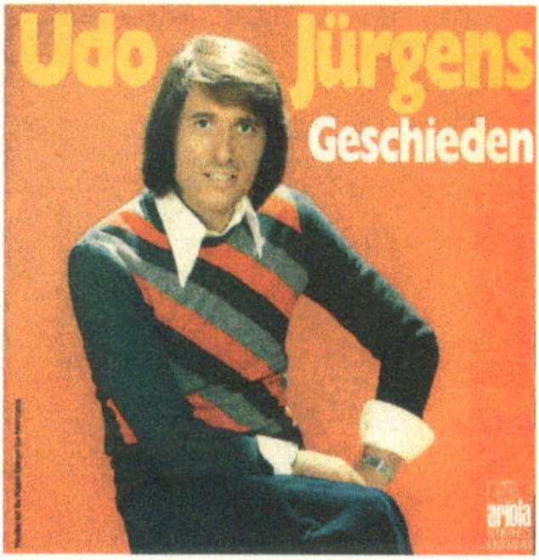

Die neuen Realitäten:
Udo Jürgens' Coverversion von
Michel Delpechs *Les divorcés.*

Dieser Spagat zwischen nicht zu scharfer Kritik und nicht zu konkreter Vision hat Udo Jürgens Kritik eingetragen. Der Journalist Reginald Rudorf charakterisiert ihn (in *Warum nur, warum?*) als »Sang und Klang gewordenen Bundesdurchschnitt«, als »Troubadour der milden Mitte«. Der Musikwissenschaftler Jens Hagestedt konstatiert, dass das, »was die Texte seiner Lieder und seine Äußerungen zum Zeitgeschehen an Gedanken enthalten, nicht erhellender« sei »als das, was Hunderttausende anderer intelligenter Beobachter sagen könnten«. Und selbst einer seiner größten Bewunderer, der Romancier Andreas Maier, erkennt, dass Jürgens »nie etwas« sagte, »was über das hinausging, was ohnehin alle wissen«.

Mit derartigen Anschauungen aus der ›milden Mitte‹ erntete man bei radikal gesinnten, unerbittlichen Geistern Hohn und Spott – etwa 1972 bei Elfriede Jelinek, die damals ganz am Anfang ihrer (später mit dem Nobelpreis gekrönten) Laufbahn stand. Ihr scharfer Essay *Udo zeigt wie schön diese welt ist wenn wir sie mit kinderaugen sehen* lässt kein gutes Haar am Beschwichtigungsgestus ihres Landmannes. Seine Lieder würden sich an Mittelständler wenden, deren »verlassenheitsgefühl« sie in »udos musikalische arme« treibe. Jürgens verweise die von gesellschaftlicher Ausbootung Bedrohten auf das ›kleine Glück‹, das in der Liebe oder in der Natur liege: »udo gibt niemals die möglichkeit einer umwandlung der gesellschaft an. daher stabilisiert er die beamtenexistenz, deren notwendigkeiten dazu zwingen die gesellschaft als etwas feindliches und antagonistisches zu verleugnen sich aus ihr quasi auszuklammern und gibt dafür als ersatz das selbstbewusstsein den privaten egoismus das geltungsbewusstsein des funktionslosen.« Die vom scheinbar Progressiven verdeckte Botschaft laute: »einfach sich einrichten in der bestehenden leere!« Jelineks stramme Ideologiekritik birst vor Empörung, weil Jürgens im Rahmen des Schlagergenres verharrte, um Kritik zu üben, letztendlich also mit dem Klassenfeind gemeinsame Sache machte – ein schlimmeres Verbrechen als das, was der herkömmliche Schlager einer Heidi Brühl oder einer Lolita anrichte.

Udo Jürgens war kein verkappter Intellektueller am Flügel, und er ahnte wohl, wie es in *Ich schrieb nie ein Lied für Karin* heißt, dass er oft »schmale Weisheiten für die Welt« von sich gab. Gerade für seine gesellschaftskritischen Lieder erntete er aus dem Feuilleton massive Kritik, wohl weil es da einer wagte, seinen angestammten Bezirk zu verlassen, bzw. diesen mit ungewohnten Pflanzen bestückte. Der Unterhalter, der plötzlich kein bloßer Unterhalter mehr sein will, erregt intellektuellen Zorn am schnellsten. Übersehen wurde dabei, dass Jürgens wagte, was die wenigsten seiner Kollegen sich trauten. Das konnte und kann man oberflächlich, ja peinlich finden, doch gerade weil die »Weisheiten« seiner Lieder so leicht abzunicken sind, besitzen manche von ihnen, so Andreas Maier, »Ewigkeitswert«.

Ein ehrenwertes Haus (1975)
(Musik: Udo Jürgens; Text: Michael Kunze)

Auch Begriffe haben ein Verfallsdatum. Wenn sich gesellschaftliche Verhältnisse ändern, wenn Justiz und Moral Sachverhalte anders interpretieren, dann sterben Begriffe und Redewendungen aus oder werden mit neuen Inhalten verknüpft. Die »wilde Ehe« ist so ein Beispiel. Bis ins letzte Drittel des 20. Jahrhunderts verstand man darunter das Zusammenleben von nicht verheirateten Paaren. Das Adjektiv »wild«, das man heute eher auf eine sexuell hochaktive, leidenschaftliche Eheausübung bezöge, bezeichnete damals das Justiziable, das Anstößige einer solchen Gemeinschaft.

Bereits 1973 hatte Christian Anders einen Text Fred Jays zu diesem Thema veröffentlicht. *In den Augen der andern* greift die gesellschaftliche Ächtung »wilder Ehen« auf und setzt der gesetzlichen Legitimierung und der Trauscheinnotwendigkeit den ›wahren‹ Wert der Liebe entgegen: »In den Augen der andern, gehörst du nicht mir, / denn wir zwei sind zusammen, ohne Ring und Papier. / In den Augen der andern darf das nicht sein, / aber wir beide, wir seh'n das nicht ein.«

Ein ehrenwertes Haus griff das auf – und wurde zum vielleicht bekanntesten ›gesellschaftskritischen‹ Jürgens-Lied. Dessen Text, verfasst vom promovierten Juristen Michael Kunze, der ein ausgeprägtes Gespür dafür besaß, was zu Jürgens passte, führt in ein Mietshaus, dessen Parteien von sexueller Revolution, Toleranz und ›Mehr Demokratie wagen‹ wenig mitbekommen haben.

Doppelmoral, so lautet der entscheidende, von empört-kräftigem Klavierspiel begleitete Vorwurf. Nicht dulden wollen die sittlich entrüsteten Mieter, dass ein unverheiratetes Paar mit ihnen unter einem Dach lebt, obwohl es Grund genug gäbe, vor der eigenen Wohnungstür zu kehren. Denn das ›wilde‹ Paar, dessen Wut über die scheinheiligen Angriffe sich in der energischen Komposition spiegelt, ist umzingelt von Rassisten, Kinderprüglern und -vernachlässigern, Blockwarten, Denunzianten, Lügnern und Altersgeilen (»Der graue Don Juan, der starrt dich jedes Mal im Aufzug schamlos an«).

Fraglos handelt es sich um ein Horrorhaus, in dem sexuelle Freiheiten allenfalls sich selbst zugestanden werden. Bei den Zeilen »Auch die von oben, wenn der Gasmann kommt, zieht sie den Schlafrock aus, / sie alle schämen sich für uns, denn dies ist ja ein ehrenwertes Haus« ist man geneigt, Texter Kunze einen

Hang zur Übertreibung zu unterstellen. Wie oft, fragt man, pflegte seinerzeit der Gasmann in deutschen Mietshäusern vorbeizuschauen? Und erinnert die Szenerie nicht irgendwie an die 1971 in die Kinos gekommene *Hausfrauen-Report*-Reihe, in der sich zu kurz gekommene Frauen, während der Gatte bei der Arbeit weilt, gern virilen Handwerkern hingeben, Gasmänner eingeschlossen?

Ein ehrenwertes Haus und der *Hausfrauen-Report* unterminieren so, obschon mit unterschiedlicher Intention, das Ansehen der deutschen Hausfrau. Sie als sich langweilende Sexwütige vorzustellen, das schafft ein miserables Image, an dem sich der kurz darauf aufkommende Feminismus lange abarbeitete. Johanna von Koczians Schlager *Das bisschen Haushalt ... sagt mein Mann* hat damit nichts zu tun und erschien erst 1977.

Da sich diejenigen, deren Doppelzüngigkeit Jürgens brandmarkte, wieder einmal nicht angesprochen fühlten, erreichte das Lied immerhin Platz 15 der deutschen Charts. Merklich erfolgreicher war es in der Schweiz, wo es auf Platz 2 kletterte. Vermutlich lag das daran, dass das Konkubinatsverbot, das wilde Ehen unter Strafe stellte, im Kanton Zürich 1972, im Kanton Schwyz 1992 und im Kanton Wallis gar erst 1995 aufgehoben wurde. Udo Jürgens – das sei in diesem Zusammenhang erwähnt – übersiedelte 1977 in die Schweiz, nach Zürich, und wurde 2007 Schweizer Staatsbürger und Ortsbürger der Gemeinde Zumikon.

Ein ehrenwertes Haus kam heraus, als Udo Jürgens auf den Zenit seines Erfolges zurückgekehrt war. Denn so erfreulich die Chartsplatzierungen Anfang der Siebzigerjahre gewesen waren, so wenig ließ sich leugnen, dass dem Duo Jürgens & Beierlein seit Längerem kein Megahit, kein richtiger ›Knaller‹

geglückt war. Einen solchen brauchte man dringend, wollte man nicht Michael Holm, Bernd Clüver oder gar Tony Marshall das Feld überlassen. 1974 endlich gelang der ersehnte Wurf, erreichte Jürgens – zum ersten und einzigen Mal – die Poleposition der deutschen Singlecharts. Und wieder mit einem Lied, das kritische Töne anschlug, eingebettet in eine vertraute Alltagsszenerie:

Griechischer Wein (1974)
(Musik: Udo Jürgens; Text: Michael Kunze)

Auch Melodien haben autobiografische Wurzeln, entstehen aus den nachhallenden Eindrücken von Selbsterlebtem. 1973 verbrachte Jürgens, wie er in *Smoking und Blue Jeans* erzählt, den Sommerurlaub im kleinen Kreis auf der Insel Rhodos. Man erlebte, was »zu griechischen Ferien gehört: Sonne, Meer, Wein, das Licht, der Wind, die Musik«, doch selbst die schönsten Ferien gehen irgendwann zu Ende, und so kehrte Jürgens ins regnerische Wien zurück, von leiser Melancholie begleitet. In dieser Stimmung, »noch voll den Bouzouki-Klängen der griechischen Musik«, setzte er sich ans Klavier und komponierte eine Melodie, von der Manager Beierlein und Produzent Ralph Siegel sofort hellauf begeistert waren.

Schlager, die keine Eintagsfliegen sein wollen, brauchen einen konkurrenzfähigen Text, einen, der nicht ahnungslos in Klischeefallen tritt. Griechenland hatte damals als Sehnsuchtsland auch im Schlager Rückenwind. Mireille Mathieu mit *Akropolis adieu* (1971) trug dazu dabei, und nicht zuletzt ›Eingeborene‹ wie Demis Roussos (*Schönes Mädchen aus Arcadia*, 1973), Vicky Leandros (*Die Bouzouki klang durch die Sommernacht*, 1973) oder

Costa Cordalis (*Carolina, komm*, 1973) beförderten den Ägäis-Hype. Gleichzeitig breiteten sich in deutschen (Groß-)Städten griechische Lokale aus, die »Poseidon« oder »Dionysos« hießen und Gyros, Souvlaki oder andere fleischlastige Gerichte zum harzhaltigen Wein anboten. Zum Abschied gab es erfreulicherweise einen Ouzo aufs Haus.

Michael Kunze schlug spontan als Titel *Griechischer Wein* vor, doch Jürgens' Vorgabe war – wie sich Kunze erinnert – eindeutig: »Auf keinen Fall etwas mit Griechenland.« Er wollte der Versuchung widerstehen, seine wehmütige Melodie mit simplen, vor kretischer oder santorinischer Sonnenkulisse angesiedelten Sandstrandversen auszustaffieren. Es dauerte jedoch eine Weile, bis sich ein passender Inhalt fand. Michael Kunze machte einen ersten Vorschlag: *Sonja, wach auf* – die Geschichte, so Kunze, von einem Rendezvous, bei dem die junge Freundin zu spät nach Hause kommen wird, weil sie eingeschlafen ist, während der Interpret überm Komponieren die Zeit vergessen hat und die Eltern der jungen Frau mutmaßen, sie habe die Nacht mit dem Freund verbracht.

Der zweite Vorschlag, eine Gastarbeiterballade, die auf einen Besuch Kunzes in einer griechischen Kneipe Anfang der Siebzigerjahre am Rosenthaler Platz in München zurückging, gefiel Jürgens besser, und so kam man wieder zurück zum Titel *Griechischer Wein*. Eine kluge Entscheidung, denn die Fantasie reicht nicht aus, sich einen Evergreen mit einem Sonja-Titel vorzustellen, zumal dieser Vorname in der Schlagerhistorie nirgendwo zu Ruhm und Ehre kam. Sylvia, Baby, Josie, Maria, ja, aber Sonja?

Sonja verschwand so in der Versenkung. *Griechischer Wein* hat das Gastarbeiterthema jedoch nicht erfunden. Schon 1962 besang Conny Froboess beim Grand Prix Eurovision in *Zwei klei-*

ne Italiener sich nach ihrer neapolitanischen Heimat verzehrende italienische Gastarbeiter, und 1965 erzählte die US-Amerikanerin Wanda Jackson in *Santo Domingo* von Fernando, Alfredo und Jose, die sich nach der »großen Welt«, dem »großen Geld« sehnen, die Dominikanische Republik verlassen und sich in Chicago oder wo auch immer als Schuhputzer, Straßenmusikant und Hafenarbeiter durchschlagen. Desillusioniert träumen sie abends von ihrem Santo Domingo und »weißen Orchideen«.

Griechischer Wein greift diese Konstellation auf. Vorstadtstraßen, eine Eckkneipe, eine Jukebox mit Musik, »die fremd und südlich war«, dazu Männer »mit braunen Augen und mit schwarzem Haar«, die den Hinzutretenden freundlich zum Wein einladen und ihm ihre Situation als Gastarbeiter schildern. Originell ist nicht sehr viel an diesem Lied. Da ist das nicht zu überwindende Fremdheitsgefühl und die Sehnsucht, so bald wie möglich in die griechische Heimat zu Frau und Kind zurückzukehren, mit Beiseitegelegtem, das für ein »kleines Glück« in Athen, Iraklion oder Kamari ausreicht. An ›Gastgeber‹ Deutschland wird und will man dann nicht mehr erinnern: »Und bald denkt keiner mehr daran, wie es hier war.«

Man kann diesem Lied kritisch gegenüberstehen, es wie Jens Hagestedt als »Edelschund« voll »griechischer Folkore« bezeichnen, doch eine solche Abkanzelung verkennt, dass Jürgens & Kunze spielerisch erfüllen, was ›bleibende‹ Schlager ausmacht: die Verknüpfung von latenten Sehnsüchten und Schmerzen mit einer leicht fasslichen Alltagssituation und einfachen Bildern (»... erzählen sie mir von grünen Hügeln, Meer und Wind«).

Im konkreten Fall ist das Verlangen nach der Heimat verbunden mit einem sozialen Problem der Sechziger- und Siebzigerjahre, mit der abschätzigen Behandlung der euphemistisch benannten Gastarbeiter, auf deren Arbeitskraft man gern zurückgriff, ohne sie in die Gemeinschaft integrieren zu wollen. So werden die Träume »von daheim« durch den Alkohol schwermütiger; die griechische Scholle lässt sich nicht vergessen, ablesbar an der eigentümlichen Refrainzeile »Griechischer Wein ist so wie das Blut der Erde«. Die Anklage gegen die gastgebenden Deutschen ist – ein wichtiger Aspekt – sanft vorgetragen, hat nicht den polemisch vereinfachenden Gestus von *Lieb Vaterland.* Wer jemals Heimweh empfunden hat, findet in diesem Lied sein Plätzchen.

Griechischer Wein ist der vielleicht bekannteste Schlager Jürgens' geblieben, ungeachtet dessen, dass er selbst Jahre später davon abrückte. Seine Volkstümlichkeit zeigt sich darin, dass er vielfach gecovert und parodiert wurde – am schönsten wohl in der Ruhrpottfassung des Kabarettisten Jürgen von Manger. Dessen *Bottroper Bier* beschwört, ohne sozialkritischen Impetus, aufs Schönste die Seligkeit einer (ebenfalls frauenlosen) Eckkneipe, wo nach ein paar Bier alle Alltagsnöte vergessen scheinen. Gut auch, dass die Stadt Bottrop damit Einzug in die deutsche Liedgeschichte hielt.

Udo Jürgens nahm *Griechischer Wein* in mehreren fremdsprachigen Versionen auf. Bing Crosby und Al Martino bedienten den amerikanischen Markt mit *Come share the Wine,* das sich stark am deutschen Original orientiert – auch hier ist die Kneipe der Ort, wo der Mann in der Fremde traurig ist und Halt findet in der weinseligen Ersatzheimat, wo Brüderlichkeit herrscht: »The world seems colder when you're a stranger from a foreign land. / You need to feel that someone cares and that they understand. / Many a tear would disappear if we joined hands.«

Damit nicht genug der kuriosen Rezeptionsgeschichte: Auf dem Umweg über Portugal und Spanien (*Vino griego*), wo das Lied in Blasorchesterfassungen auf Dorffesten gespielt wurde, gelangte es in die südfranzösische Schinkenstadt Bayonne und avancierte dort verblüffenderweise zur Hymne des örtlichen Rugby-Clubs Aviron Bayonnais. Als *La peña baiona* feiert es, mit französischem und baskischem Text, die blau-weißen Farben des Vereins. Touristen, die es nach Bayonne verschlägt, wundern sich darüber bis heute, wenn sie sich ins Rugby-Stadion der Stadt verirren.

Michael Kunzes Text ist nicht schwer zu verstehen. Doch in ungeübten jugendlichen Ohren konnte selbst er bei schlechtem Radioempfang zu verheerenden Missverständnissen führen. Axel Hacke erzählt davon in seinem Buch *Der weiße Neger Wumbaba*, dem ersten Band seiner kleinen Handbücher des Verhörens. Wie er berichtet, schrieb ihm ein Herr aus Halle, der in der DDR der Achtzigerjahre auf rauschenden Westsendern den Jürgens'schen Hit hörte und dessen Refrain fatal missdeutete. Statt »Griechischer Wein ist so wie das Blut der Erde« meinte der junge Mann von der Saale Folgendes zu verstehen: »Kriech nicht da rein, das ist das Blut der Erde«.

In das Blut der Erde zu kriechen, das ist angsteinflößend, und das wäre zu starker Schlagertobak gewesen. Doch wer es, nach der Lektüre dieses Buches beispielsweise, wagt, zu Jürgens' Melodie im Keller oder bei einem Karaoke-Wettbewerb die Hallenser Zeilen »Kriech nicht da rein ...« anzustimmen, merkt, dass diese eine sonderbare Sogwirkung haben. So wie Axel Hacke folgert: »Man wird sich schwer tun, das Lied nun noch einmal richtig zu hören.«

Versuche wie der Costa Cordalis' in *Der Wein von Samos* (1979), als Trittbrettfahrer Jürgens & Kunze nachzueifern, schlugen übrigens fehl und schrieben nicht Geschichte. Der Text zu Cordalis' Süßweinsong stammt von Wolfgang Hofer, einem der Haus-und-Hof-Dichter Udo Jürgens'.

Griechischer Wein — reist um die Welt

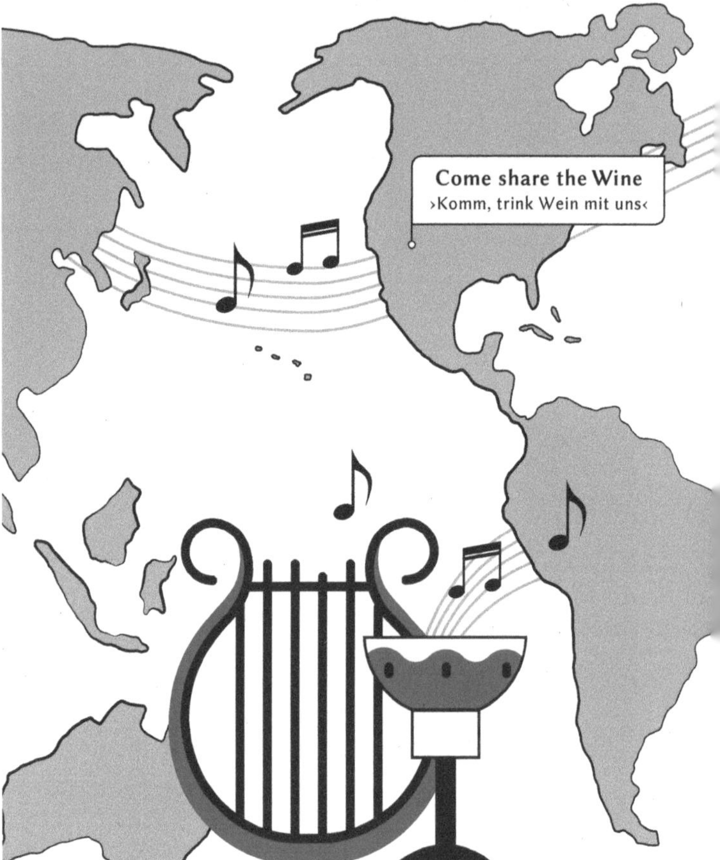

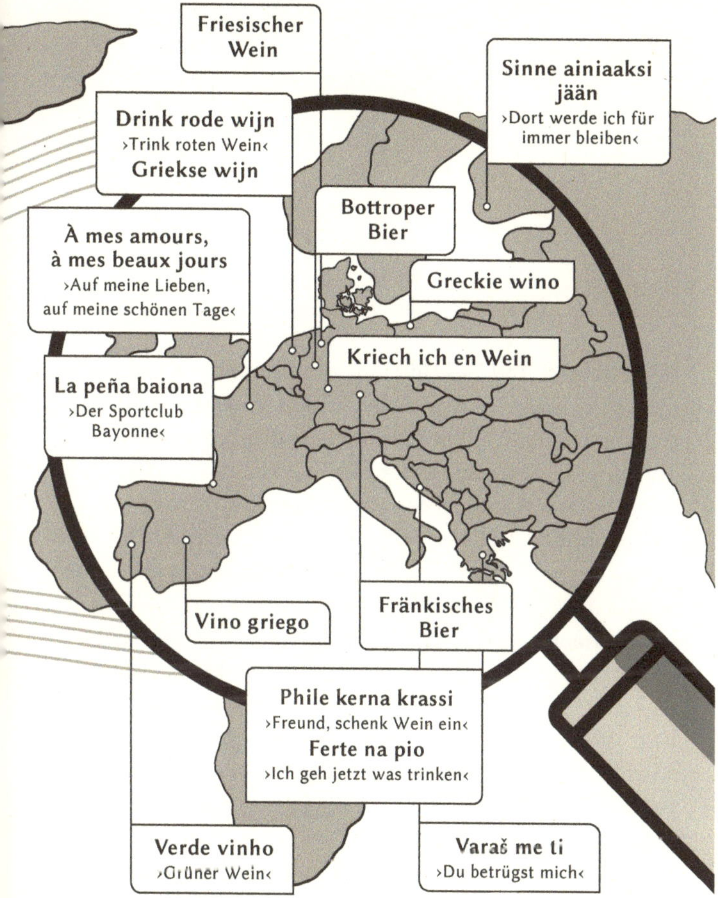
Friesischer Wein
Sinne ainiaaksi jään
›Dort werde ich für immer bleiben‹
Drink rode wijn
›Trink roten Wein‹
Griekse wijn
Bottroper Bier
À mes amours, à mes beaux jours
›Auf meine Lieben, auf meine schönen Tage‹
Greckie wino
Kriech ich en Wein
La peña baiona
›Der Sportclub Bayonne‹
Vino griego
Fränkisches Bier
Phile kerna krassi
›Freund, schenk Wein ein‹
Ferte na pio
›Ich geh jetzt was trinken‹
Verde vinho
›Grüner Wein‹
Varaš me ti
›Du betrügst mich‹

Buenos Dias Argentina – aufrecht zwischen den Stühlen

Bis zu seinem Tod ließ Udo Jürgens nicht davon ab, in seinen Liedern zu mahnen, zu geißeln und zu appellieren. Er blickte – das sollte man nicht übersehen – über den Schlagertellerrand hinaus und spickte sein Werk mit Themen, um die seine Kollegen einen weiten Bogen machten. Man kann ihm, im Gefolge von Elfriede Jelinek, vorhalten, seine Gesellschaftskritik nicht konsequent zuzuspitzen und letzten Endes die ›bestehenden Verhältnisse‹ nicht radikal anzugehen. Solche Vorwürfe verkennen, was im Rahmen der Gattung ›Schlager‹ möglich ist. Jürgens blieb dieser verhaftet, wechselte nie ins Lager der ›linken‹ Liedermacher und lotete stattdessen aus, was auf seinem Weg an Kritik sagbar war. Schlager, die explizit zur Abschaffung des Kapitalismus aufrufen, gibt es nicht, wären ein Widerspruch in sich. Hätte es sie gegeben, wären sie nie zu Hits geworden.

Dass Jürgens' politisches Engagement mitunter kritisch beäugt wurde, hat mit seiner Vermarktung auf der politischen Bühne zu tun. Als Hans Beierlein daran ging, das Image von »Udo 70« aufzuwerten und seinen Schützling jenseits des kleinen Schlagerkarpfenteichs zu positionieren, bahnte er Kontakte zur Bonner Politikwelt an. Sich mit deren Größen zu zeigen wertete Unterhaltungskünstler Jürgens auf. Und so trat er im Juli 1969 beim Gartenfest des Bundeskanzlers Kurt Georg Kiesinger, CDU, auf, was nicht verhinderte, dass er nach dem Regierungswechsel ein Jahr später eine Einladung Willy Brandts, SPD, annahm. Dessen Ehefrau Rut hatte aus ihrer Faszination für Udo 70 keinen Hehl gemacht.

Wenngleich Jürgens aufgrund seiner Liedtexte eher dem Brandt-Scheel-Lager zugeordnet wurde, legte sein Management Wert darauf, sich offen nach vielen Seiten zu zeigen und die konservative Klientel nicht zu vergraulen. Im österreichischen Kontext war er eng mit SPÖ-Kanzler Bruno Kreisky verbunden, der ihn wie kein anderer Politiker beeindruckt habe. Kreisky huldigte dem Sänger 1970 nach einem Konzertbuch in einem Zeitungsartikel und betonte, wie dieser auch ein junges Publikum erreiche, das sich von »Armut, Ungleichheit und Krieg« nicht unberührt zeige. Wenn er bei der Arbeit Udo-Jürgens-Platten höre, habe er »die besten Ideen«. Viele Jahre später zog Jürgens Kritik auf sich, weil er den Rechtspopulisten Jörg Haider, einen Kärntner Landsmann, duzte.

Der »Image-Verbund« (Reginald Rudorf), den Jürgens' Management mit Politik, Kunst und Kirche herzustellen suchte, bezog das Militär ein, und so kam es im September 1969, zum sechsunddreißigsten Geburtstag des technikbegeisterten Künstlers, zu einem legendären Flugabenteuer: Seinem Wunsch, als Co-Pilot in einem Starfighter zu sitzen, wurde entsprochen. Die einladende Bundeswehr sah offensichtlich darin eine gute Gelegenheit, das durch eine Absturzserie in Misskredit geratene, als »Witwenmacher« oder »fliegender Sarg« verhöhnte Kampfflugzeug aufzuwerten.

Der halbstündige Flug brachte Jürgens Ärger ein. Man vermutete Verschwendung von Steuergeldern und sah vor allem einen Widerspruch zu seinen vom Frieden handelnden Liedern. Als er ein gutes Jahr später in der TV-Sendung *Wünsch Dir was* mit *Peace now* auftrat, untermalte die Regie das mit Aufnahmen der Starfighter-Spritztour. Jürgens sah sich in seiner Autobiografie *Smoking und Blue Jeans* zu Rechtfertigungen genötigt: »Aber ich bin mir natürlich auch im klaren darüber, dass die Faszination, die von Panzern und Flugzeugen ausgeht, vor allem für junge Leute sehr verführerisch sein kann und manchen vergessen lässt, welchem Zweck diese Maschinen eigentlich dienen« – eine späte, lauwarm vorgetragene Einsicht.

Zum größten Zankapfel und zum größten Missgriff des Jürgens-Œuvres wurde freilich ein Lied, das 1978 einer Langspielplatte den Namen gab und zudem als Single ausgekoppelt wurde:

Buenos Dias Argentina (1978)
(Musik: Udo Jürgens; Text: Wolfgang Hofer)

Das Lied, das die Bezeichnung »Schnulze« wie kein anderes Stück von Jürgens verdient, setzte eine vom Deutschen Fußball-Bund 1974 begonnene Marketingmaßnahme fort. Um den deutschen WM-Kader volkstümlich zu präsentieren, sollte dieser Sangesqualitäten unter Beweis stellen. *Fußball ist unser Leben* hieß damals die stumpfsinnige Jack-White-Komposition. Vier Jahre später holte man sich mit Jürgens österreichische Verstärkung. Begleitet von einem tapfer vor sich hin brummenden Backgroundchor, dem Berti Vogts, Karl-Heinz Rummenigge, Georg Schwarzenbeck oder Bernd Hölzenbein (nicht jedoch die entschuldigt fehlenden Franz Beckenbauer und Paul Breitner) ange-

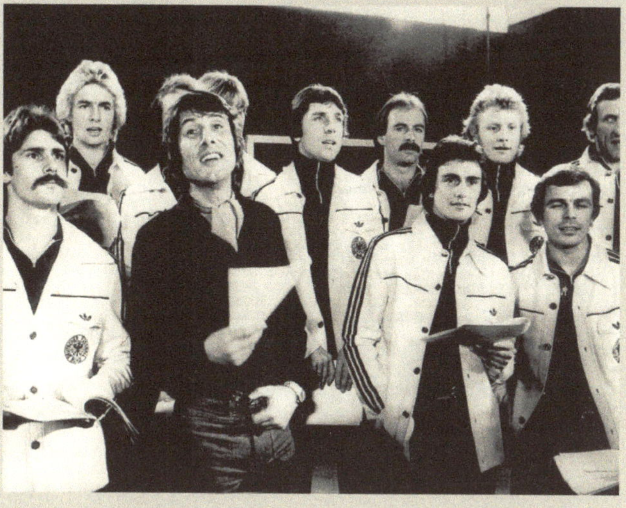

Udo Jürgens singt mit der deutschen Nationalelf *Buenos Dias Argentina.*

hörten, nahm Jürgens über ein Dutzend Fußballschlager auf. Darunter findet sich manches Kleinod wie das sympathische *Der Mann mit der Mütze*, das Abschiedslied für Bundestrainer Helmut Schön.

Berüchtigte Bekanntheit erlangte jedoch der Titelsong *Buenos Dias Argentina*, »ein ganz und gar dummes Lied« (Andreas Maier). Auf den ersten Blick fügt es sich in die lange Liste der Fernweh- und Seemannslieder ein, die die Schönheit fremder Landstriche rühmen und die vom Schicksal nicht bevorzugten Einwohner Duisburgs oder Magdeburgs trösten sollen. Die Argentinien-Hymne reiht ein Klischee ans andere, verzichtet – von blutigen Steaks abgesehen – auf kein Stereotyp, das man mit dem Land verbindet. Da werden Sombreros geschwenkt, da glüht die Sonne rot, da erklingen Gitarren mit Pampasliedern, und da dürfen selbstverständlich Señoritas nicht fehlen, die Liebe und Völkerfreundschaft irgendwie unter einen Hut, Verzeihung: Sombrero, zu bringen haben: »Buenos Dias, Señorita! / Und wenn du dann bei mir bist, / wird die Zeit hier wie ein Traum sein, / den man niemals mehr vergisst. // Buenos Dias Argentina! / Guten Tag, du fremdes Land! / Buenos Dias Argentina! / Komm, wir reichen uns die Hand!«

Vom realen Argentinien jener Jahre ist – natürlich – keine Rede. Kein Wort über die seit 1976 herrschende Militärjunta, kein Wort über die Gefangenen, Gefolterten, Verschleppten und Getöteten. Stattdessen ein Kniefall vor einem »fremden Land«, dessen bedrückende Realität nicht interessiert. Das Lied fügte sich passgenau in das Auftreten des Deutschen Fußball-Bundes und seines Präsidenten Hermann Neuberger ein. Kritik an den Zuständen im Land war unerwünscht. Dass ein Nazi wie Oberst Rudel, der sich nach dem Krieg nach Argentinien abgesetzt hatte, im Mannschaftsquartier auftrat, rundete das Schreckensbild ab, das die deutsche Delegation bot.

Kritik an der Naivität, mit der Jürgens und sein Chor dieses peinliche Lied intonierten, gab es zuhauf. Der fußballaffine Schriftsteller und Rhetorikprofessor Walter Jens listete in einem mit »Buenos Dias Argentina?« überschriebenen Artikel für *Die Zeit* minuziös auf, welchem verbrecherischen Regime der vermeintlich harmlose WM-Song huldigte. Der »fröhliche Gruß«, so Jens, verkomme zu einer »Geste, die im besten Fall makaber« sei.

Zu den Zynismen der Schlagergeschichte gehört es, dass ausgerechnet diese Langspielplatte Udo Jürgens' erfolgreichste wurde, Platz 1 der Charts erreichte und sich über eine Million Mal verkaufte. Und auch im Ausland landete Udo Jürgens mit seiner Komposition einen Überraschungscoup. 1979, als sich der Wirbel um die WM gelegt hatte, nahm Countrysänger Marty Robbins eine englische Fassung (Text: Ben Raleigh) auf. Sein *Buenos Dias Argentina* orientiert sich stark an Wolfgang Hofers Lyrismen und lässt »soft guitars« die »music of the pampas« aufspielen. Mit Fußball brachte in den USA das niemand in Verbindung. 1980 erhielt Udo Jürgens dafür als Songwriter den Country Music Award der American Society of Composers, Authors and Publishers und nahm den Preis in Hollywood entgegen.

Eine höhere Gerechtigkeit mag man darin sehen, dass die Argentinien-Schmonzette dem deutschen Fußball kein Glück brachte. Die Verkaufszahlen der Platte lähmten offenbar die Mannschaft von Helmut Schön. Ihr Ausscheiden nach einer 2 : 3-Niederlage ausgerechnet gegen Österreich ging als »Schmach von Córdoba« in die Geschichte ein. Das Spiel sah Jürgens in einem Frankfurter Hotel, den »Deutschen von ganzem Herzen den Sieg« wünschend, »ungeachtet der Tatsache, dass ich Österreicher bin«. An seiner Seite war aparterweise sein singender Landsmann Peter Alexander, der vor Begeisterung über Hans Krankl & Co. kein Halten mehr kannte. Jürgens hingegen saß »geschlagen« da und begriff schnell, was dieser Knock-out bedeutete: »Beim Schlusspfiff ist mir sofort klar, dass sich die Niederlage auch auf den weiteren Verkauf der *Buenos-Dias*-Platte auswirken wird. Ich sollte übrigens recht behalten: Von dem Tag an lag die Platte wie Blei in den Regalen.«

Der deutsche Mittelfeldspieler Hansi Müller erinnerte sich an die Atmosphäre nach dem Spiel so: »Eine gewisse Leere. Rolf Rüßmann hat geweint, weil er sich vom Hans Krankl düpieren hat lassen. Die Enttäuschung war wahnsinnig groß. Wir fielen irgendwie in ein tiefes Loch. Ich kann mich noch an die Heimfahrt erinnern. Wir fuhren mit dem Bus von Córdoba zum Flughafen, und es lief die Kassette mit dem Titel *Der Mann mit der Mütze fährt nach Hause* – gemeint war Helmut Schön. Das hat so richtig gepasst, wir hatten ja die Platte für die WM gemacht, und jetzt saß er vorne im Bus, der Helmut Schön, und wir fuhren wirklich nach Hause. Wir waren sehr frustriert.« Man sieht: Udo-Jürgens-Lieder lindern nicht jeden Schmerz.

Erfreulicherweise blieb *Buenos Dias Argentina* die letzte WM-Platte, die viel Geld in die Kassen spülte. Was danach kam, ist zum Glück vergessen. Das unheilvolle Genre siechte vor sich hin. Oder erinnern Sie sich daran, was Michael Schanze bei der Spanien-WM 1982 oder Peter Alexander bei der Mexiko-WM 1986 zusammen mit Jupp Derwalls Truppe sangen? Und als Udo Jürgens selbst noch mal in Aktion trat – 1990 mit *Sempre Roma* –, nützte das nichts mehr. Obwohl Franz Beckenbauer und sein Team Weltmeister wurden, erregte die Platte wenig Aufsehen. Mit Zeilen wie »Wir sind schon auf dem Brenner, wir brennen schon darauf« ließ sich zu dieser Zeit kein Blumentopf mehr gewinnen. Schlager und Fußball, diese Liaison endete im Grunde 1978.

Das Bedürfnis, ›kritisch‹ aufzutreten und es gleichzeitig allen rechtmachen zu wollen, stieß mit *Buenos Dias Argentina* an seine Grenzen. Das liebe Vaterland mit seinen kapitalistischen Auswüchsen anzuprangern und wenig später einem Terrorregime zu huldigen, diesen Spagat vollbrachte nicht einmal Udo Jürgens unbeschadet. Nicht mehr beteiligt an der Debatte um das WM-Lied war Manager Hans R. Beierlein. Obschon er seit Mitte der 1960er-Jahre an Jürgens' Seite war und maßgeblichen Anteil an dessen goldenem Jahrzehnt hatte,

hatte sich der Sänger 1977 von ihm getrennt. Unter Beierlein habe er sich zunehmend fremdbestimmt gefühlt und sei »nicht wirklich« er selbst gewesen. Als Nachfolger engagierte er einen jungen Schweizer Konzertmanager, Freddy Burger: »An Bord meines neuen Boots haben wir dann auf dem Zürichsee den Vertrag unterzeichnet.« Die Ehe mit Burger hielt.

Zu Beierleins Anstrengungen, die ›Marke‹ Jürgens einzigartig zu machen und ständig im Gespräch zu halten, hatte es gehört, ihn als intellektuell-aufgeschlossen und mit Politik und Kunst verbunden zu präsentieren. Daran änderte sich mit dem neuen Management nichts. Jürgens gefiel es, sich aus den Schlageruntiefen zu erheben und von den Koryphäen der Highbrow-Kultur angenommen zu werden. Es mag in diesem Bemühen das Verlangen spürbar sein, Anerkennung in einem Milieu zu erlangen, zu dem man selbst als weltweit geschätzter Entertainer nicht automatisch Zutritt erhält, doch es ist unübersehbar, dass Intellektuelle Jürgens nun aufrichtige Sympathie entgegenbrachten.

So kam er in Kontakt mit Nobelpreisträger Günter Grass und schätzte insbesondere dessen zeichnerisches Werk. Er konferierte mit Herbert von Karajan und berichtete begeistert von seinen Begegnungen mit Thomas Bernhard. Als er diesen zufällig am Nebentisch im Wiener Hotel Sacher erkannte, erstarrte er innerlich, »als säße ich vor Goethe«. Im Gespräch mit Walter Gröbchen erinnerte sich Jürgens an seine Angst, von Bernhard »mit Arroganz, Abneigung oder gar beißendem Spott« behandelt zu werden. Stattdessen traf er auf einen Autor, der ihm »sehr schöne Dinge« erzählte und mit seiner Musik »sehr viel anzufangen« wusste. Im Gegenzug wurde Jürgens zum Leser des Alpengrantlers und sah in ihm einen der »großen Geister dieses Landes«. Unsicherheit herrscht sowohl

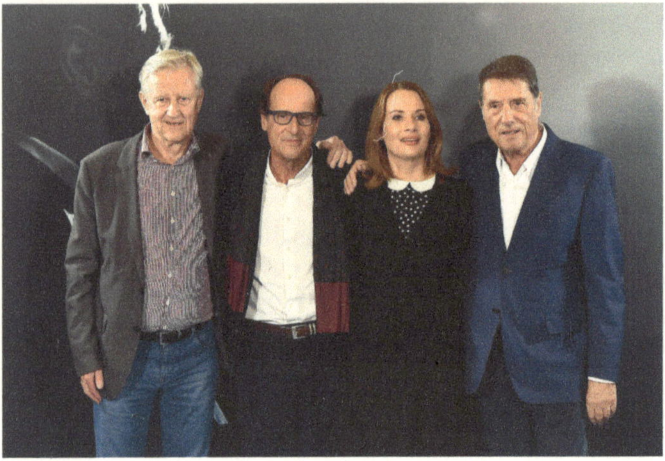

Udo Jürgens mit seinem Manager Freddy Burger, Bruder Manfred Bockelmann und Tochter Jenny, 2014

bei Jürgens- als auch bei Bernhard-Exegeten darüber, welche Speise der Dichter beim ersten Aufeinandertreffen im Sacher verzehrt habe. Mal ist angemessenerweise von Sachertorte die Rede, mal von einer schnöden »Wurst«.

Jürgens lebte eine Zeitlang in unmittelbar räumlicher Nähe zu Max Frisch. Dessen letzter Wohnsitz in der Zürcher Stadelhoferstraße unweit des Bellevueplatzes, ein mehrstöckiges, kantiges Mietshaus mit nach innen gebauten Balkonen, war nur durch eine schmale Gasse von Jürgens' Penthouse im Corso-Haus entfernt. Dort betrieb Jürgens zusammen mit seinem Manager Freddy Burger eine Zeitlang den Mascotte-Club. Die Klingelschildtafel verwies mit den dezenten Initialen »U. J.« auf den prominenten Mieter im fünften Stock. In *... unterm Smoking Gänsehaut* erinnert sich Jürgens an die verpasste

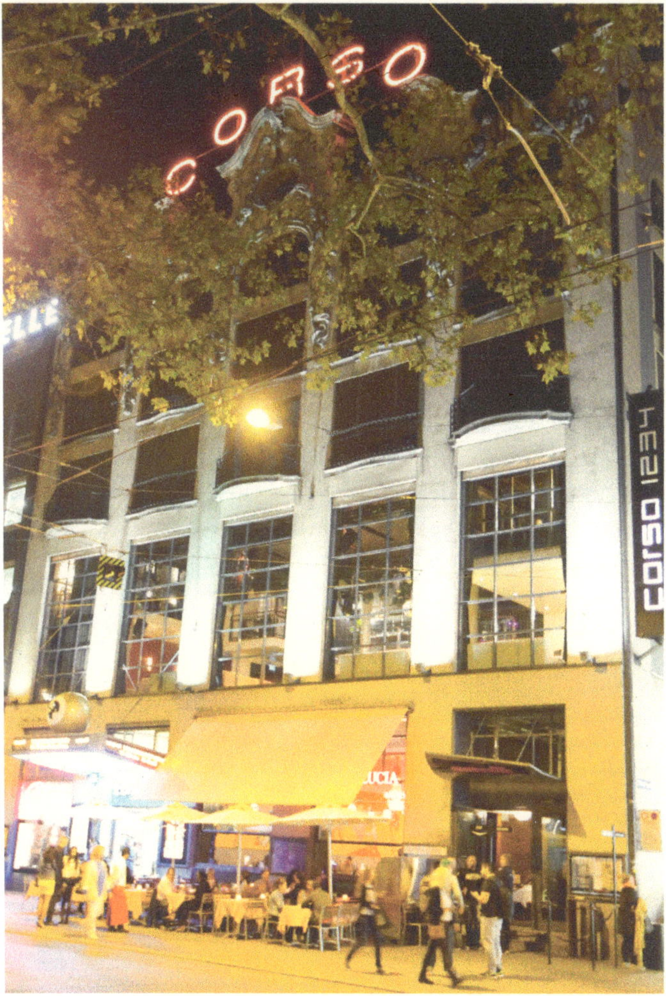

Das Corso-Haus am Züricher Bellevueplatz

Chance, mit dem berühmten Schriftsteller ins Gespräch zu kommen: »Max Frisch war jahrelang mein Nachbar – in der Tiefgarage. Sein Jaguar stand neben meinem Auto. Gesprochen haben wir uns nie. Ich hatte nie den Mut, ihn anzurufen, ihn einzuladen, mit ihm zu sprechen. [...] Lange war ich auf Tournee – sein Jaguar war plötzlich weg: Max Frisch war gestorben. Der ›weise Mann‹ war nicht mehr.«

In derselben Textpassage findet sich ein Zitat aus Frischs Roman *Homo faber* – eines, das auf das Arbeitstier Jürgens zugeschnitten scheint: »Ich lebe, wie jeder wirkliche Mann, in meiner Arbeit. Ich will es nicht anders und schätze mich glücklich, allein zu wohnen, meines Erachtens der einzigmögliche Zustand für Männer, ich genieße es, allein zu erwachen, kein Wort sprechen zu müssen. Wo ist die Frau, die das begreift?« Walter Fabers Gedankengänge haben offenkundig viel mit Max Frisch und Udo Jürgens zu tun, ohne dass sich diese deswegen von Frauen ferngehalten hätten – ganz nach einem meiner Lieblingszitate von Udo Jürgens: »Das Entscheidende haben mir Menschen gegeben – und damit meine ich nicht nur Frauen.«

Die kleinen Dinge des Lebens – der Geschichtenerzähler

Mit Beginn der 1980er-Jahre tat sich der Schlager zunehmend schwer, was sich am Aufkommen der Neuen Deutschen Welle zeigt, die das Genre ironisierte. Er verlor Terrain an den angloamerikanischen Pop und eroberte die Spitzenplätze der Charts nur noch selten. Auch Udo Jürgens blieb von dieser Entwicklung nicht verschont. Keine seiner Singles kam danach mehr unter die Top 20, selbst wenn einige von ihnen – *Gaby wartet im Park* (1981), *Ich war noch niemals in New York* (1982) oder *Lieben ohne Leiden* (1984) – heute Klassikerstatus beanspruchen dürfen. An seiner Präsenz und seiner Wertschätzung im nationalen wie im internationalen Rahmen änderte das nichts. Seine Tourneen hatten immensen Zulauf, an Ehrungen und Auszeichnungen herrschte kein Mangel, und seine Langspielplatten erreichten Absatzzahlen im sechsstelligen Bereich.

Aus dem hippen »Udo 70« wurde eine nahezu unantastbare Institution, die allerorten gefeiert wurde. Sowohl zu seinem siebzigsten als auch zu seinem achtzigsten Geburtstag widmete das deutsche Fernsehen ihm Jubelsendungen – eine Gunst, die wenigen Künstlern eingeräumt wird. Diejenige zum siebzigsten, im September 2004, nahm sich besonders eindringlich aus: die eineinhalbstündige ARD-Show *Leben für die Lieder*. Sandra Maischberger führte durch den erinnerungsseligen TV-Abend, zeigte ihr berühmtes Augenfältchenlächeln, rühmte die Vitalität des Seniors, nahm Anteil (»Sie sehen so gerührt aus«) und verwandelte sich im Laufe des Abends in einen Backfisch, der verschämt auf Udos Klavierstuhl Platz nahm und der Duz-Attacke des erfahrenen Homme à femmes hilflos ausgeliefert war.

Der Abend demonstrierte aufs Neue, dass Jürgens zu jenen Komponisten zählt, die nachrückenden Interpreten etwas zu sagen haben. Die Söhne Mannheims gaben ihre Version von *Ein ehrenwertes Haus* zum Besten; Olli Dietrich huldigte dem Schwarm seiner Kindheit mit *Tausend Träume*, und Helge Schneider und die deutsche Frauenfußball-Nationalelf scheuten sich nicht, *Buenos Dias Argentina* anzustimmen.

Udo Jürgens war nie jemand, der sich gern mit Gleichaltrigen umgab. Von Xavier Naidoo oder Ben, der das kitschige *Ich bin dafür* zu neuem Leben erweckte, anerkannt zu werden, das bedeutete ihm mehr, als in TV-Nostalgieshows blindlings gefeiert zu werden. *Leben für die Lieder* zeigte einen selbstgewissen Künstler, der in seinen eigenen Schöpfungen »irgendwo eine Tiefe« sah und der wusste, dass er in die Säulenhalle der Unangreifbaren aufgerückt war. Und spätestens als er am Ende der Geburtstagsshow *Ich war noch niemals in New York*, das Lied der enttäuschten Illusionen, anstimmte und der damalige CDU-Generalsekretär Laurenz Meyer beseelt lächelte, wusste man endgültig, dass Udo Jürgens nicht zu den normal sterblichen Sängern zählte. Zehn Jahre später, 2014, führte Johannes B. Kerner durch die nächste Geburtstagsfeier.

Udo Jürgens konnte viel mehr als die handelsüblichen Schlagersänger und Chansonniers. Und da er das wusste, strebte er künstlerisch zu höheren Weihen, wollte dort Anerkennung finden, wo seine Zunftkollegen in der Regel nie hingelangten. Schon früh, als vom Musicalfieber in Deutschland und Österreich noch keine Rede war, erarbeitete er das Musical *Helden, Helden*, das auf George Bernard Shaws auf dem Balkan angesiedeltem Theaterstück *Arms and the Man* (1894) basierte und das er mit achtzehn seiner Lieder bestückte. Am 27. Oktober 1972 fand die Uraufführung im Theater an der Wien statt. Doch die Resonanz fiel bescheiden aus; das Musical geriet rasch in Vergessenheit.

Wesentlich mehr Anklang fand 2007 ein Musical, das Jürgens und seinen Liedern gewidmet war: das im Dezember 2007 im Hamburger TUI-Operettenaus uraufgeführte *Ich war noch niemals in New York*. Die Ankündigung des von Hera Lind erdachten und von Gabriel Barylli geschriebenen Plots ließ seinerzeit das Schlimmste befürchten, doch die Umsetzung erwies sich als erträglich, ohne – wie viele andere Musicals auch – mit immenser Originalität aufzuwarten.

Worum geht es darin? Ein rüstiges Seniorenpaar, das einander spät gefunden hat, beschließt, aus seinem drakonisch geführten Altenheim zu fliehen und sich einen Lebenstraum zu erfüllen: eine Kreuzfahrt nach New York. Den jeweiligen Kindern der beiden, der TV-Moderatorin Lisa Wartberg und dem Fotografen Axel Staudach, missfällt diese Eskapade, und beide kommen nicht umhin, sich auf dem Schiff (das man glatt für die MS Deutschland halten konnte) einzuquartieren, um die rebellischen Alten zur Vernunft zu bringen.

Es kommt, wie es kommen muss: Das auch mit 76 Jahren liebeshungrige Paar kostet seinen dritten Frühling aus; die karriereerpichte TV-Frontfrau und der neosensible alleinerziehende Vater verlieben sich ineinander, und am Ende läuten die Doppelhochzeitsglocken unter der Freiheitsstatue. Trotz dieser Anhäufung von Gemeinplätzen wurde das Musical kein bloßes Trivialstück. Einige Regieeinfälle – die mit einem Navigationssystem simulierte Autofahrt nach Genua zum Beispiel – gaben der Aufführung eine Brechung, die dem Schmalztiegelplot guttat. Dass sich viele der Udo-Jürgens-Klassiker ironisch präsentierten und die wilde Ehe in *Ein ehrenwertes Haus* als schwule Gemeinschaft runderneuert wurde, nahm dem Abend dankenswerterweise manche übertriebene Weihe.

Ich war noch niemals in New York ging zwar nicht um die Welt, gelangte aber immerhin nach Wien, Stuttgart, Tokio, Zürich und Berlin. 2017 gab es in Hamburg eine Wiederaufnahme. 2019 machte Philipp Stölzl daraus einen gleichnamigen, prominent besetzten Kinofilm.

Das wohl anspruchsvollste und ambitionierteste Projekt, das Jürgens je anging und das er zum Wichtigsten in seinem Werk zählte, ist die dreiteilige sinfonische Dichtung *Die Krone der Schöpfung*. Sie speiste sich aus seiner Kritik an der menschlichen Hybris, sich zum Herrscher der Welt zu machen. 1994 schrieb er in *… unterm Smoking Gänsehaut*: »Wir sind das schlimmste Übel, das dieser Erdball jemals zu ertragen hatte. Kein Tier, kein Saurier, nichts war so zerstörerisch wie die Gattung Mensch. Wir sind die Gefahr dieses Planeten – und nichts sonst.« In etlichen Songs hat Jürgens diese Überheblichkeit des Menschen aufgegriffen, am ehrgeizigsten aber in *Die Krone der Schöpfung*, das die Überlegungen aus dem kirchenkritischen *Gehet hin und vermehret euch* aufgriff.

Die rund fünfunddreißig Minuten umfassende, für Symphonieorchester, Rockgruppe, Klavier und Gesang konzipierte ›Dichtung‹ ließ auf *Gehet hin …* die Teile *Wort* (Text: Oliver Spiecker) und *Die Krone der Schöpfung* (Text: Thomas Christen) folgen und sollte die »Grenzen zwischen klassischer und Unterhaltungsmusik« überwinden. Eingespielt wurde es unter anderem von den Berliner Philharmonikern; Mario Adorf sprach den Bibelprolog zum Schlussteil. Im Juni 1999 scheute sich Jürgens nicht, beim Münchner Konzert Michael Jackson & Friends das ungeduldig auf Jackson wartende Publikum mit *Die Krone der Schöpfung* zu konfrontieren – ein mutiges Unterfangen.

Eingefleischte Udo-Jürgens-Anhänger wissen dieses Stück zu schätzen, bezeichnen es als »genial« und »philosophisch«, bewundern die Hellsicht, mit der es brennend aktuell gebliebene Themen früh aufgriff. Klimaaktivisten würden, wenn sie Udo Jürgens hören würden, akklamieren. Das ehrenwerte Anliegen kaschiert jedoch nicht, dass *Die Krone der Schöpfung* musikalisch vor allem pompös ist und textlich Appell an Appell, Gutgemeintes an Gutgemeintes reiht. Versfolgen wie »Wir haben das Gewissen im Überfluss verlor'n. / Und wenn man uns erinnert, verschließen wir die Ohr'n. / Wir leben ohne Gnade und stoßen uns gesund: / Giganten der Verschwendung mit nimmersattem Schlund« mochten als Wachrüttler dienen und erreichten auf Konzerten ein Publikum, das sich mit solchen Gedanken nicht ständig auseinandersetzt. Was die gewichtig auftrumpfenden Texte als Heilmittel, als Alternative zur angeprangerten menschlichen Anmaßung und Gier anzubieten haben, geht freilich kaum über unterkomplexe Poesiealbumssentenzen hinaus: »Gemeinsamkeit« und »Bescheidenheit« seien der »Weg zur Ewigkeit«. Wie sehr Udo Jürgens selbst an diesem Zyklus hing, zeigt sich darin, dass er ihn in sein letztes Konzert in Zürich integrierte. Musikgeschichte hat er damit nicht geschrieben.

Nicht diese ehrgeizigen Projekte sind es, mit denen sich Udo

Jürgens ins kollektive Gedächtnis eingeschrieben hat. Nicht mit der großen Geste machte er Eindruck, sondern mit seinem Blick für das scheinbar Nebensächliche, für das Alltägliche, in dem sich sein Publikum wiedererkannte. Eine Qualität, die schon Bruno Kreisky erkannte: »Seine Lieder handeln von den kleinen Dingen des Lebens, von denen, die so wichtig sind zwischen den Menschen.« Jürgens und sein Management entschieden sich oft hellsichtig für Texte, die mehr als die übliche auf kraftvolle Refrains reduzierte Schlagerware zu bieten hatten.

Die meisten Klassiker der Gattung – ob *Marmor, Stein und Eisen bricht*, *Eine neue Liebe ist wie ein neues Leben* oder *Es fährt ein Zug nach nirgendwo* – beschreiben Grundsituationen und Stimmungsbilder, ohne üppigen Erzählstoff auszubreiten. Bei Jürgens sah das oft anders aus. In einem Gespräch mit Giovanni di Lorenzo gab er dafür eine verblüffende Erklärung: »Ich habe eine Moderatorenstimme. Ideal, um den Leuten im Fernsehen etwas zu erklären. Aber um als Sänger Karriere zu machen, braucht man eine Stimme, die den Text nicht so wichtig macht. Eine Stimme wie die von Elton John, die keine tiefen Resonanztöne hat, sondern nur Höhen. Das lässt sich leicht einmischen in eine Pop-Produktion. Ich musste also einen Weg finden, damit ich mit meiner Stimme etwas erzähle.«

Aus dieser Not machte er eine Tugend: »Daher kommen Lieder wie *Ich war noch niemals in New York* oder *Mein Bruder ist ein Maler*, in denen ich Geschichten erzähle. Sie haben nur das Manko, dass die Leute von Anfang bis Ende zuhören müssen. Das ist für die Karriere eines Popsängers das Schlechteste. [...] Die Leute haben meine Lieder wie ein Buch gelesen oder wie den Soundtrack zu einem Film wahrgenommen. Das ist heute noch so, auch in meinen Konzerten, dass die Lieder mit Geschichten die Leute am tiefsten berühren.«

Hinzu kommt, dass der Geschichtenerzähler Jürgens sich um Alltagsrealismus bemühte und häufig eingesetzte, nichtssagende Allerweltsvokabeln aus dem Schlagerwörterbuch für Anfänger zu meiden versuchte. Gegenüber Jan Feddersen hat er diese Kehrtwende in seinen Liedern so beschrieben: »Beierlein hat mir Texte von Brel und Aznavour gegeben – und ich bin fast umgefallen. Die haben nicht ›Mein Herz ist allein, muss denn das so sein‹ gedichtet, sondern Worte aus der Alltagssprache verwendet. Da gab es Worte wie ›Rechtsanwalt‹ und ›Treppenhaus‹ und ›Bohnerwachs‹ und nicht ›Heimat‹ und ›Meer‹ und ›Deine Sehnsucht sind die Sterne‹. Für mich zog ich den Schluss: Man muss poetisch sein, aber die gleiche Sprache verwenden, die wir im Alltag sprechen.«

Treppenhaus? Bohnerwachs? Da war doch was ...

Ich war noch niemals in New York (1982)
(Musik: Udo Jürgens; Text: Michael Kunze)

Ein Lied, das zuerst nur als B-Seite der Single *Das wünsch ich dir* erschien und nicht weiter auffiel. 2001 kam es neu heraus, erreichte aber erst 2009 Platz 53 der Charts und in der Aufnahme mit den Sportfreunden Stiller im selben Jahr Platz 25 – dennoch wurde es zu einem der Lieder, die man unmittelbar mit Udo Jürgens verbindet. *Ich war noch niemals in New York* erzählt eine Alltagsgeschichte, eine Familiengeschichte mit hohem Wiedererkennungswert, die weder, wie in vielen Schlagern, im luftleeren Raum noch an irgendwelchen verlockenden sonnigen Sandstränden angesiedelt ist. Texter Michael Kunze baut stattdessen eine Szenerie im Kleine-Leute-Milieu auf, ein Wohnhaus, wie es sie tausendfach in Deutschland gibt. Schön ist hier nichts. Das

Treppenhaus erstrahlt »neon-hell«, und der (mittlerweile fast ausgestorbene) Geruch von Bohnerwachs verbreitet »Spießigkeit«.

Der Mann verlässt nach dem Abendessen kurz die Wohnung, um – auch das eine mittlerweile fast ausgestorbene Tätigkeit – am Automaten Zigaretten zu holen. Ja, gibt es nicht zahllose wahre oder gut ausgedachte Geschichten von Männern, die mit einem »Ich geh mal Zigaretten holen« für immer aus dem Leben ihrer Lieben verschwanden? (Frauenabschiede dieser jähen Art sind übrigens viel seltener.) Ghosting nennt man dieses Phänomen, diesen – so die Definition – vollständigen Kontakt- und Kommunikationsabbruch ohne Ankündigung.

Udo Jürgens' Familienvater wäre kein Udo-Jürgens-Familienvater, wenn er zu solchen drastischen Mitteln griffe. Es ist ein Gedankenspiel im Treppenhaus, die plötzlich aufflammende Vorstellung, den »Zwängen« und der »Enge« ohne langes Herumüberlegen oder umständliches Erklären zu entfliehen. Es geht um »Aufbruch«, um die »Sehnsucht«, endlich »einmal verrückt« und »richtig frei« zu sein, dem Hamsterrad des täglichen Einerleis zu entkommen. Ziel ist es nicht, eine Auszeit zu nehmen, ein Ehesabbatical einzulegen, nein, »für alle Zeit« will sich der gebeutelte Mann verabschieden. Weg aus Bochum, Espenau oder Baar heißt das Motto, und der Fluchtort liegt nicht um die Ecke, sondern in New York, Hawaii oder San Francisco.

Auch bekleidungsmäßig vollzieht der Mann in Gedanken einen Wandel. Die von der Gemahlin gut gebügelte Hose bliebe zu Hause; stattdessen würde man in San Francisco ein verhalten unkonventionelles Outfit riskieren und in »zerriss'nen Jeans« durch Kalifornien schlendern. Blümchen im Haar wie in Scott McKenzies Hippieflowerpowerhymne *San Francisco* (1967 – »If you're going to San Francisco, be sure to wear some flowers in your hair«), das ginge zu weit.

Ach ja, die »zerriss'nen Jeans« ... Als Symbol des schüchternen Aufbegehrens erlebten sie passenderweise Jahre später ein Comeback, im Schaffen Helene Fischers. Literaturwissenschaftler nennen das Intertextualität. In ihrem *Mit keinem Andern* (2013) geht es um die Liebe zu einem Mann, der dazu neigt, etwas »ganz Verrücktes« (!) zu tun. Das Revoluzzertum fällt freilich wie bei Udo Jürgens harmlos (und zudem ökologisch höchst bedenklich) aus: »In zerrissnen Jeans um die Häuser ziehn, / das kann ich mit keinem Andern. / Nachts mit Partylärm – alle Nachbarn störn, / das kann ich mit keinem Andern. / Auf der Autobahn – mit dreihundert fahrn, / so was kann ich nur mit dir.« Keine Frage, Helene Fischers Texter Joachim Horn-Bernges kannte seinen Udo Jürgens.

Doch wir alle wissen, wie leicht man flockige Träume träumt und wie schwer es ist, sie in der schnöden Realität umzusetzen. Unser Zigarettenholer ist so keiner, der sich zu radikalen Schnitten durchringt. Wie »selbstverständlich« kehrt er mit seiner Marlboro- oder Camel-Schachtel zurück an den häuslichen Herd, nein, Fernsehschirm: »Die Frau rief: Mann, wo bleibst du bloß? / *Dalli Dalli* geht gleich los. / Sie fragte: War was? / Nein, was soll schon sein?«

So verpufft diese Imagination eines Neuanfangs auf amerikanischem Boden. Zu mehr reicht es nicht mehr. Immerhin: Träume, die nicht realisiert werden, können nicht enttäuscht werden; so bleibt die Sehnsuchtsmaschine in Gang. Mehr ist dazu nicht zu sagen, und das Lied endet folglich sinnfrei in »La, la, la«-Zeilen.

Auf Konzerten verzichtete Jürgens oft auf die Strophe der resignierten Heimkehr vom Zigarettenholen. Spätere Fassungen gingen mit der Zeit und ersetzten Hans Rosenthals *Dalli Dalli* durch Thomas Gottschalks *Wetten, dass ...?*. So bleibt das Wünschen über Jahrzehnte hinweg unverändert, egal, was in der Glotze läuft. Dass Rosenthals Sendung fast immer donnerstags und nicht wie *Wetten, dass ...?* samstags ausgestrahlt wurde, könnte für weitere Interpretationen und Fassungsvergleiche interessant sein.

Ein ähnliches Strickmuster wie in *Ich war noch niemals in New York* lieferten Jürgens & Kunze bereits ein Jahr zuvor, 1981, mit *Gaby wartet im Park*. Auch hier geht es um »heimliche Sehnsucht«, werden wir in die Psyche eines Zigaretten rauchenden Familienvaters versetzt. Der ist versucht, nach dem Autoschlüssel zu greifen, um seine Geliebte zu treffen. Wir befinden uns diesmal in besserer Wohngegend. Rasen wird in der Nachbarschaft gemäht; man trinkt Tee, in der Nähe befinden sich offenbar ein Park und ein Fluss. Wieder erzählt Jürgens eine Geschichte voll widerstreitender Gefühle. Der Mann, der es mit ehelicher Treue nicht genau nimmt und eine Liebschaft mit einer Frau namens Gaby unterhält, hat sich Großes vorgenommen. Er will der Verlockung widerstehen und die im Park Sitzende vergeblich warten lassen. Er ringt mit sich, über dreieinhalb Minuten lang. Zwar ist er nicht stark genug, der Gattin, die seine Nervosität spürt, die Wahrheit zu sagen, aber ein bisschen stark will er schon sein.

Anders als der Kollege Roland Kaiser, der zur gleichen Zeit *Lieb mich ein letztes Mal* singt, predigt Jürgens schweren Herzens Entsagung. Sein leidender Held verzichtet auf einen »letzten verzauberten Tag«, auf einen Spaziergang am Fluss entlang, der womöglich zu neuerlichem Sexualakt geführt hätte.

Das alles soll und wird nicht geschehen: »Jedoch du bleibst stark, / und Gaby wartet im Park.« Ein Wiedersehen ist nicht vorgesehen. Ob es einen Bezug zwischen *Gaby wartet im Park* und Gert Böttchers Hit *Für Gaby tu' ich alles* (mit den interessanten Versen »Das wird euch neu sein, / ich kann plötzlich treu sein«) aus dem Jahr 1962 gibt, lässt sich schwer sagen.

Jene leisen Jürgens-Lieder, die von der Vergeblichkeit menschlichen Sehnens, von erlittenem oder nahendem Scheitern oder von nicht gut zu machenden Versäumnissen erzählen, besitzen von heute aus betrachtet besondere Strahlkraft. Die Mehrzahl der üblichen (Liebes-)Schlager errichtet bunte Traumschlösser, wo Paare, deren Liebe nie entzweigeht, ein Leben lang glücklich sind, wo etwaiger Kummer verfliegt, sobald man den Richtigen oder die Richtige gefunden hat.

Udo Jürgens wusste aus eigener Erfahrung, dass solch ungetrübtes Glück nicht der Realität entspricht, zumal in Zeiten, da die Scheidungen zunahmen und Lebensabschnittspartnerschaften nicht allzu lange währten. Sein Werk ist reich an Liedern, die realitätsgesättigt sind, und weil selbst diejenigen seiner Zuhörer, die Konzerte aufsuchen, um ihre Alltagskümmernisse zu vergessen, wissen, dass Enttäuschungen den Lebensweg pflastern, sind Jürgens' leise Lieder ungebrochen populär. Megaseller wurden die wenigsten, doch sie machen sein Werk erst bedeutend.

An Beispielen mangelt es nicht. Nehmen wir etwa das von seinen Fans gern autobiografisch verstandene *Und dabei könnt' sie meine Tochter sein* (1975). Die zurückhaltende Melodie grundiert einen – natürlich von Michael Kunze stammenden – Text, der, wie der Titel verheißt, von einer durch großen Altersunterschied geprägten Beziehung berichtet. Das Thema wurde in den 1970er-Jahren, als der Schlager zu größerer Freizügigkeit neigte und Betten schon mal in Kornfeldern aufschlug, mehrfach aufgegriffen. Dalida (*Er war gerade 18 Jahr'*) und Peter Maffay (*Und es war Sommer*) machten daraus Hits.

Jürgens' *Und dabei könnt' sie meine Tochter sein* erzählt nicht, wie Dalida, von brutaler, der Altersdifferenz geschuldeter Enttäuschung oder, wie Maffay, von faszinierender sommerlicher Mann-Werdung, sondern argumentiert bedächtig. Ja, der nicht mehr ganz junge Mann ist von der jugendlichen Schönheit, die mitten im »Frühling« ihres Lebens steht, »bezaubert«. Ohne es zu wollen, entfacht sie ein »Feuer, das mich fast verbrennt«. Platonisch ist die Liebe der beiden nicht geblieben. Der Altersunterschied spielt offensichtlich keine Rolle. Um Konventionen schert man sich nicht – man wohnt ja nicht mehr im ehrenwerten Haus.

Dennoch ahnt der leicht bedrückte Mann im wohl besten Alter, dass das Damoklesschwert einer begrenzten Liebesdauer über ihm hängt: »Und wer weiß, wie lang ich sie halten kann? Sie wird geh'n wie ein Tag im Mai.« Die rhetorische Frage schlägt um in die Gewissheit, irgendwann den Laufpass zu bekommen. Mit sechsundsechzig Jahren mag das Leben für manche erst anfangen; in der Liebe walten leider mitunter andere Gesetze.

Eine Randbemerkung: Die Konjunktiv-Tochter trägt selbstverständlich Bluejeans, ein Kleidungsstück, dessen Siegeszug in den 1970er-Jahren nicht aufzuhalten war. Während René Kollo 1961 in *Hello, Mary-Lou* noch gegen »Nietenhosen« wetterte und hübsche Kleidchen präferierte, drehte sich der Zeitgeistwind in Bekleidungsfragen wenig später. Bluejeans, selbst wenn sie nicht zerrissen waren, stehen nicht nur in Udo Jürgens *Und dabei könnt' sie meine Tochter sein* für Unbefangenheit und hohe Erwartungen: »Doch sie hat Hunger auf alles, was man das Leben nennt.«

Und noch eine Randbemerkung zur Randbemerkung für die, die ihren Mastergrad zum Thema »Wandel und Bedeutung von Bluejeans im Schaffen Udo Jürgens'« erlangen wollen: Auch in *Die Nacht und das Mädchen* (1979) liegen Jeans auf dem Bett einer jungen Frau, die sich nachts heimlich aus dem Haus schleicht – fraglos ein Reflex auf David Dundas' Hit *Jeans On* (1977), wo es heißt: »It's the weekend / and I know that you're free. / So pull on your jeans / and come on out with me.« Ach, nicht zu vergessen: Eine der Jürgens'schen Autobiografien heißt *Smoking und Blue Jeans* – Signal dafür, dass der Autor der Wildheit und Unbedingtheit, die Bluejeans verkörpern, nie ganz abgeschworen hat.

Wenn wir schon bei Töchtern sind: Mit seiner eigenen, der damals siebzehnjährigen Jenny, nahm Udo Jürgens 1984 das sympathische *Liebe ohne Leiden* (Text: Wolfgang Hofer) auf, das dem langsam in die Erwachsenenwelt hinüberwechselnden Mädchen gute Wünsche mit auf den Weg gibt. Diese wirken umso glaubhafter, da der singende Vater, den nicht mit Udo Jürgens zu identifizieren ein Fehler wäre, weiß, dass Liebe ohne Leiden nicht zu haben ist: »Ich wünsch dir Liebe ohne Leiden / und eine Hand, die deine hält. / Ich wünsch dir Liebe ohne Leiden / und dass dir nie die Hoffnung fehlt / und dass dir deine Träume bleiben. / Und wenn du suchst nach Zärtlichkeit, / wünsch ich dir Liebe ohne Leiden / und Glück für alle Zeit.« Ein wärmendes Trostlied, keine Frage, das umso stärker wirkt, weil Vater und Tochter sich quasi selbst spielen und weil alle wissen, dass es guttut, sich manchmal Unmögliches zu wünschen.

Zurück zum Geschichtenerzähler Udo Jürgens: Von verpassten Chancen, von Sehnsüchten, die Sehnsüchte bleiben, ist in seinen Liedern viel die Rede. Schon deshalb wechseln diese gern in die Möglichkeitsform, lassen den Konjunktiv sprechen und malen Ungeschehenes aus. Wie eindrücklich solche Verknüpfungen sein können, zeigt das stark autobiografisch grundierte *Ich schrieb nie ein Lied für Karin* (1979; Text: Wolfgang Hofer).

Verlässlichen Quellen zufolge ist es jener Karin Holzapfel zugedacht, mit der Jürgens von 1972 bis 1975 liiert war und die 1973 zu der für die Entstehung von *Griechischer Wein* so wichtigen Urlaubsrunde auf Rhodos gehörte. »Viel zu spät« erinnert sich das singende Ich an die Zeit mit Karin und ist – ein Topos im Leben vieler Männer – voller Reue darüber, ihr nie gedankt und das Zusammensein mit ihr nie angemessen gewürdigt zu haben. Ein klein wenig Selbstanklage mischt sich darunter (»… weil statt zu geben, ich meist nur nahm«) – und die Erkenntnis, dass das eigene Werk unvollständig ist: »Ich schrieb nie ein Lied für Karin, / ich schrieb nie ein Lied für sie. / Ich fand Worte für so viele, / doch für sie nie.«

Die Lücke im Werk wird nun – ein schöner Kniff – durch den befreienden Konjunktiv geschlossen. Dadurch, dass Jürgens besingt, wie ein solches Lied für Karin geklungen hätte, wenn es geschrieben worden wäre (»Es würd' schimmern wie ihr Haar, / wäre klug, wie sie es war. / Es würd' lachen, genau wie sie, / wär' voller Leben / und Melancholie«), nimmt die Dramatik des Versäumten zu. Eine nachgetragene Liederliebe also, die der Fantasie Tür und Tor öffnet. Denn was wir gerade hören – *Ich schrieb nie ein Lied für Karin* –, ist nicht das Lied für Karin. Wie dieses nicht geschriebene Lied wirklich klänge, wissen wir nicht, und wir werden es nie wissen: »Dieses Lied, das es nie gab, / könnt' heut mein schönstes sein.« Wie Karin

Holzapfel auf diese musikalische Liebeserklärung post festum reagiert hat, wissen wir auch nicht.

Nicht alle der leisen, ›im Schatten‹ stehenden Lieder Udo Jürgens' sind Trouvaillen. Nicht wenige von ihnen fungierten als Füllsel der Alben und sind zu Recht in Vergessenheit geraten. Über *Ach Papi, geh' doch heuer nicht auf die Weihnachtsfeier* (1974; Text: Michael Kunze) zum Beispiel wollen wir besser den Bademantel des Schweigens hängen. Und dann gibt es dieses Lied, das ein im Schlager sehr selten diskutiertes Küchengerät bedichtet und zu einem Streitfall der Jürgens-Philologie wurde …

Im Kühlschrank brennt noch Licht (1991)
(Musik: Udo Jürgens; Text: Oliver Spiecker)

Nein, es geht nicht um jene elementare, so schwer zu beantwortende, in Zeiten des dringlicher gewordenen Stromsparens nicht nur schwäbisch-knausrige Gemüter belastende Frage. Nein, es geht nicht darum, ob beim Schließen des Kühlschranks das Licht in seinem Innern erlischt. Man sieht sie vor sich, die technikaffinen Männer, die vor Kühlschränken (in Udo Jürgens' Heimat auch: Eiskästen) hocken und verzweifelt versuchen, diese zu überlisten, um die quälende Geht-das-Licht-denn-wirklich-aus-Frage ein für allemal zu klären.

Für Udo Jürgens und seinen Texter Oliver Spiecker wirft das Lichtthema kein entscheidendes Problem auf, doch es wird auf merkwürdige Weise behandelt. Worum geht es in diesem Lied? Wir sehen einen Mann, der in der »Mitte der Nacht« völlig vereinsamt in seiner Wohnung sitzt. Offenkundig ist die Frau, die einst bei ihm war, nicht mehr bei ihm. Telefonversuche bleiben bei einem Anrufbeantworter hängen, der Fernseher strahlt nur noch – die Älteren erinnern sich – ein flimmerndes Testbild aus, und zu allem Überfluss sind die Zigaretten ausgegangen. So bleibt interessanterweise als einziger Trost die Lichtquelle im Kühlschrank: »Und wenn auch sonst / niemand mehr mit mir spricht, / na gut, dann nicht: Im Kühlschrank brennt noch Licht.«

Sooft die Refrainzeile wiederholt wird, so diffus bleibt, was sie uns sagen möchte. Denn wenn man – wir kommen zum Anfang dieser Gedichtinterpretation zurück – davon ausgeht, dass in Kühlschränken das Licht bei geschlossener Tür nicht brennt, müssen wir annehmen, dass der einsam-verlassene Wolf die ganze Nacht über vor einem geöffneten Kühlschrank sitzt und die seelische Kälte, die er empfindet, zwangsläufig auch zu körperlicher Kälte wird. Dass ein solches Verhalten heutzutage energiepolitisch inakzeptabel wäre, liegt auf der Hand.

Ein trauriger Mann, der den Kühlschrank auf Teufel komm raus nicht schließt und so vermutlich permanent auf abgelaufene Joghurtbecher oder angeschimmelten Emmentaler blickt – das ist eine sehr ungewöhnliche Schlagersituation. Die künstlich erzeugte Kälte hat zudem weitere Auswirkungen: Wo es kalt ist, wächst die Sehnsucht nach dem Gegenteil – »Die Kälte einer Nacht / und plötzlich / fällt mir deine Wärme wieder ein.«

Klar: Hätte sich die Geliebte nicht aus dem Staub gemacht, würde sie sich an ihn kuscheln und konkrete wie metaphorische Wärme schenken. Doch sie ist nicht da: »Und halbautomatisch greift meine Hand / nach dir ins Leere, / doch da ist nur die Wand. / Beim Einschlafen sah ich grad noch / dein Gesicht, / na gut, dann nicht: Im Kühlschrank brennt noch Licht.«

Das Kühlschranklicht als letzter Trostspender – das ist ein Bild endloser Tristesse. Obwohl ... was hat es mit dem trotzigen

Einschub »na gut, dann nicht« auf sich? Will er sagen, dass das Fehlen der Frau gar nicht so schlimm ist, dass sich abgehärtete Männer notfalls mit der Liebe zufriedengeben, die von einem Kühlschranklämpchen ausgeht?

Sagen wir es offen und österreichisch: *Im Kühlschrank brennt noch Licht* ist ein rechter Schmarrn, der in einigen Passagen so wirkt, als hätten sich Jürgens & Spiecker einen Spaß erlaubt. Vor allem, wenn im Mittelteil dem Refrain ein rockig-geRauntes »oh, oh, oh« angehängt wird, drängt sich zumindest der Eindruck von (unfreiwilliger?) Komik auf. Spielt man das Lied bei Veranstaltungen oder Partys, bricht im Publikum stets Heiterkeit aus.

Seine plumpe Gegensatzbildlichkeit »Kälte des Kühlschranks ↔ Wärme der Liebe« erinnert mich an die Lyrikerin Kristiane Allert-Wybranietz, die in den 1980er-Jahren mit der Pseudopoesie ihrer »Verschenktexte« hohe Auflagen erreichte. Eines ihrer Gedichte – *Zweierbeziehung* – sei hier zitiert: »Immer mehr / legen / ihre Gefühle / in die / Tiefkühltruhe. // Ob sie glauben, / dadurch / die Haltbarkeit / zu verlängern?« Vermutlich hat Oliver Spiecker diese Bändchen zur Hand genommen, als er sich an seine Eiskastenverse machte. Im Heyne Verlag, der auch Allert-Wybranietz' Gedichte publizierte, erschien 2009 übrigens Spieckers Buch *Nur nicht hängen lassen! Mein Facelift.*

Nicht verschwiegen sei, dass dieses Lied Fürsprecher hat. Jens Hagestedt zum Beispiel spricht in seiner Jürgens-Monografie von der »Poesie«, die »selbst ein ödes Zimmer in nächtlicher Großstadt um den Einsamen weben kann«, und empfindet »Rührung« beim Hören. Der Sprachkritiker Bastian Sick (*Der Dativ ist dem Genitiv sein Tod*), der 2007 die liebevoll zusammengestellte CD-Auswahl *Udo Jürgens – Lieder voller Poesie* herausgab, kommentiert so: »Doch der Kühlschrank vermag keinen Trost zu spenden, im Gegenteil, er forciert nur die Erinnerung, denn die Kälte, die dem Mann entgegenschlägt, lässt ihn an die Wärme der Frau denken, die nicht mehr bei ihm ist.« Auch der finalen Erkenntnis Sicks lässt sich schwerlich widersprechen: »Kühlschränke aber wird es immer geben. Und einsame Nächte auch.«

Was bleibt?

Im Dezember 2014 starb Udo Jürgens. Sein Renommee ist seitdem nicht kleiner geworden. Es gibt viele Gründe – in diesem Buch wurden einige genannt –, die seine Ausnahmestellung ausmachen. Er war ein Komponist von hohen Graden, der nie an einem Schema festhielt. Er hatte kongeniale Texter an seiner Seite, die wussten, was zu ihm passte und was ihm sein Publikum abnehmen würde. Er vermittelte stets den Eindruck, für seine Sache zu brennen und sich bis zum Letzten zu verausgaben. So erlangte er den seltenen Status eines ›authentischen‹ Künstlers. Verstellung oder gar Zynismus, wie er im Schlagerbusiness nicht selten vorkommt, waren ihm fremd.

Wo er auftrat, wirkte er so, als sei er ganz bei sich selbst, als gäbe es nur dieses Hier und Jetzt. Das Publikum besitzt dafür ein feines Sensorium, und so verzieh es ihm fast alles. An Skandalen, Aufregungen und Peinlichkeiten mangelte es in seinem Leben nicht. Ob er in einen Starfighter stieg, ob er Affären hatte und als Womanizer galt, ob seine Ehen scheiterten, ob er uneheliche Kinder in die Welt setzte, ob er mit Steuerbehörden in Konflikt geriet, ob er mit Liedern das bürgerliche Establishment provozierte, ob er sein Privatleben zur Schau stellte – Udo Jürgens war ein Lieblingskind des Boulevardjourna-

Ohrwurm-Quiz

» Die Feder kreisch über die Zeilen «

Sag mir wie

Matador

» Sie lud mich in ihr Zimmer ein «

» Er könnt' ein Taxi nehmen dort am Eck «

Der Teufel hat den Schnaps gemacht

» Tal der Rosen! Tal der Hecken! «

Wahre Liebe ist ganz leise

» Dein Leuchtturm steht nun anderswo «

» Und das Ende vom Lied hat wohl jeder geahnt «

Gaby wartet im Park

Ich war noch niemals in New York

»Du greifst nach dem Schlüssel zum Wagen«

Aber bitte mit Sahne

»Die Häuser sind voller Musik«

»Du warst ein General mit Herz«

Liebe ohne Leiden

Der Mann mit der Mütze

Der kleine Bach

»Schau empor zu den jubelnden Rängen«

Auf meinem Tisch ein weißer Bogen

»Du weiß so viel von dieser Welt«

ia, haben Sie die Melodien zu den Texten im Ohr? Dann ist es sicher nur och ein kleiner Schritt zum Liedtitel.
ortieren Sie Zusammengehörendes zueinander – die Auflösung gibt's unter ttps://www.reclam.de/detail/978-3-15-020671-3/Moritz__Rainer/ do_Juergens__100_Seiten.

lismus, den er zeitweilig bewusst bediente, um im Gespräch zu bleiben, was ihn jedoch nicht davon abhielt, gegen offensichtlich erlogene Berichte juristisch vorzugehen.

Das Publikum jedoch nahm ihm nichts dauerhaft übel. Udo Jürgens geriet nie in die ›Strafklasse‹, verlor die Sympathie seiner Fans nicht und erntete auch bei Schlagerverächtern Respekt. Man sah in ihm keinen perfekten Darsteller seiner selbst, sondern einen Mann, der nicht unfehlbar war und nicht versuchte, diesen Eindruck zu erwecken. In Interviews trat er mit großer Offenheit auf und zeigte keine Hemmungen, Privates und Intimes auszubreiten, zum Leidwesen seiner Mutter, deren Empörung in *Der Mann mit dem Fagott* plastisch festgehalten ist: »Du hast doch keine Ahnung, wie das ist, wenn man ständig diese ganzen Geschichten über dich und die Bilder mit deinen Kindern und das Gewäsch über deine Ehe und deine vermeintlichen Affären in der Zeitung lesen muss – und den ganzen Unsinn, den du dazu zum Besten gibst. [...] Warum erzählst du den Reportern bloß überhaupt so persönliche Dinge wie, dass du deinen Freiraum brauchst und solchen Quatsch? So etwas lebt man, von mir aus, aber darüber spricht man doch nicht! Schon gar nicht in der Öffentlichkeit.«

Bei allem Verständnis für den mütterlichen Groll: Dieses Das-Herz-auf-der-Zunge-Tragen, diese freimütigen Bekenntnisse zu Leidenschaften und Irrtümern gehörten zum Faszinosum Udo Jürgens. Und es färbte auf seine Texte ab. Wo niemand gemutmaßt hätte, dass ein Heino, wenn er von blauem Enzian und Bergvagabunden sang, seine Freizeit ständig als Wandergeselle in den Alpen verbringen würde, oder dass eine Nana Mouskouri persönlich Seemännern mit weißen Rosen aus Athen an die Treue erinnern würde, da wirkte Udo Jürgens in seinen Liedern so, als sänge er von sich selbst, als würde er coram publico sein Herz ausschütten. Oder in den Worten Andreas Maiers: »Stieg er auf die Bühne, stieg das Narrativ auf die Bühne, und jedes Ich aus dem Mund Udo Jürgens' war kein Kunsttext mehr, es schien den Leuten wirkliche, offene Ansprache.«

Vielleicht kann man es so sagen: Künstler, die in diesem Metier mehr als Eintagsfliegen produzieren und über Jahre, ja Jahrzehnte hinweg ihr Standing behalten, nehmen in ihren Liedern selten Rollen ein. Sie suggerieren glaubhaft, dass sie selbst es sind, die zum Publikum sprechen, die ihr Innerstes nach außen kehren. Der Künstler und der Mensch sind in dieser Wahrnehmung nicht voneinander zu trennen. Das macht die Karrieren eines Roland Kaiser, einer Mary Roos oder eines Howard Carpendale aus – und auf einem anderen Niveau die eines Udo Jürgens.

Natürlich ist es eine Suggestion, sich den Anschein des ›Authentischen‹ zu geben, doch der glaubhaft vorgetragene Anschein allein reicht. Lieder wie *Mein Bruder ist ein Maler*, *Ich schrieb nie ein Lied für Karin* oder *Und dabei könnt' sie meine Tochter sein* erhärteten das: Da sang einer aus seinem Leben, da verzichtete einer darauf, eine Rolle zu spielen, da trat einer ungeschützt vor sein Publikum, das sich deshalb in seinen Liedern ›wiederfand‹. Das Identifikationsangebot war, je älter Jürgens wurde, ein eindeutiges: Schaut her, so bin ich, schaut her, solche Fehler hab' ich gemacht, schaut her, so leide ich unter den Missständen der Welt! »Unterhaltung mit Haltung« hat er das einmal genannt.

Bei all dem blieb Udo Jürgens bis zuletzt ein Suchender, einer, der nicht erwachsen werden, sich nicht auf Erreichtem ausruhen, keine wächserne Altersweisheit ausstrahlen wollte.

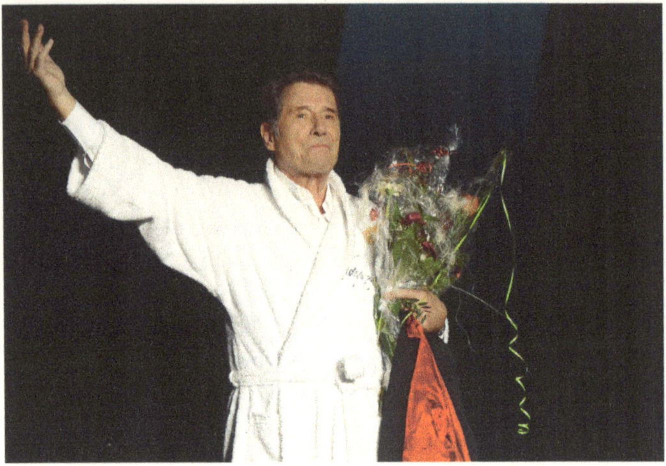

Udo Jürgens am Ende eines Konzerts 2012 in Dresden – wie üblich im Bademantel

Denn erwachsen zu sein, das hieße ja, sich mit den Gegebenheiten zu arrangieren, auf Träume und Sehnsüchte zu verzichten. Das trieb Udo Jürgens an, bis zu seinem letzten Konzert. Sein plötzlicher Tod passte dazu. Er starb als Suchender.

1969 nahm Udo Jürgens *Wenn der letzte Vorhang fällt* (Text: Walter Brandin) auf, mit dieser Schlussstrophe: »Wenn der letzte Vorhang fällt, / dann trittst du stumm in die Kulissen. / Bald wird man nichts mehr von dir wissen, / so vergesslich ist die Welt.«

Es ist anders gekommen.

Lektüretipps

Jürgens, Udo: Smoking und Blue Jeans. Jahre eines Traumtänzers. Bergisch-Gladbach 1984.

– ... unterm Smoking Gänsehaut. Erzählen will ich – aus meinem herrlich-verrückten Leben in einer schrecklich verrückten Zeit. München 1994.

Jürgens, Udo / Moritz, Michaela: Der Mann mit dem Fagott. Roman. München 2004.

Das Udo-Jürgens-Songbuch. München [u. a.] 1970.

Bobsin, Jörg: Alles über UDO. München/Wien 1969.

Eggebrecht, Axel [u. a.]: Warum nur, warum? Das Phänomen Udo Jürgens. Wien/Hamburg 1971.

Feddersen, Jan: Gespräch mit Udo Jürgens. In: Feddersen, Jan: Merci, Jury! Die Geschichte des Grand Prix Eurovision de la Chanson. Wien 2000, S. 54–56.

Gröbchen, Walter: Immergrün. Udo Jürgens im Interview [1992]. In: Gröbchen, Walter (Hrsg.): Heimspiel. Eine Chronik des Austro-Pop. St. Andrä-Wördern 1995, S. 35–41.

Hagestedt, Jens: Tausend Träume. Udo Jürgens und seine Musik. Wilhelmshaven 2009.

Helms, Siegmund (Hrsg.): Schlager in Deutschland. Beiträge zur Analyse der Popularmusik und des Musikmarktes. Wiesbaden 1972.

Jelinek, Elfriede: Udo zeigt wie schön diese welt ist wenn wir sie mit

kinderaugen sehen. In: Jelinek, Elfriede [u. a.]: Materialien zur Musiksoziologie. Wien/München 1972, S. 7–14.
Korruhn, Wolfgang: Hautnah. Indiskrete Gespräche. Düsseldorf [u. a.] 1994, S. 210–229.
di Lorenzo, Giovanni / Jürgens, Udo: »Das Glück ist ein flüchtiger Vogel« [Interview]. In: Die Zeit, 28. 8. 2014.
Maier, Andreas: Mein Jahr ohne Udo Jürgens. Berlin 2015.
Meyster, Mia (Hrsg.): Udo Jürgens. Sein Leben, seine Erfolge. Hamburg 2014.
Michaelsen, Sven / Jürgens, Udo: »Die Einschläge kommen näher!« [Interview]. In: stern, 19. 8. 2004.
Moritz, Rainer: Schlager. 100 Seiten. Stuttgart [2]2019.
Speck, Daniel: Buenos Dias Argentina. In: https://www.udowiki.com/alben-singles/die-70er-jahre/buenos-dias-argentina-1978/, 2022.

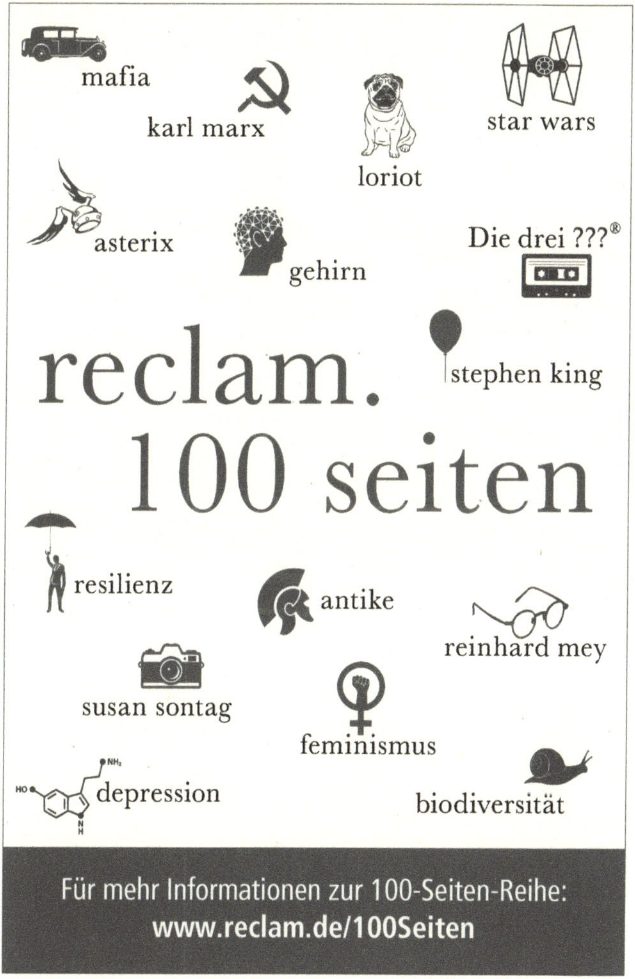
mafia
karl marx
loriot
star wars
asterix
gehirn
Die drei ???®
reclam.
100 seiten
stephen king
resilienz
antike
reinhard mey
susan sontag
feminismus
depression
biodiversität
Für mehr Informationen zur 100-Seiten-Reihe:
www.reclam.de/100Seiten